50過ぎたら、ものは引き算、心は足し算

知識より知恵 編

沖 幸子

祥伝社

プロローグ

人生の半分は、整理整頓で決まる。

ドイツ人が好んでよく口にする言葉ですが、人生も後半にさしかかった50代からは、人間関係、仕事、そして生活も、〝整理整頓〟された単純明快なやり方、生き方のほうが身体も心も緩やかでうまくいくようです。

若いころは気がつかなかった数々の事柄が、失敗や成功を繰り返してきたこの歳になった今だからこそ「そうかそうなんだ」と気づくこともあります。

いまや人生100年時代。責任ある大人として生きる日々も長くなりました。自由な選択ができる〝長寿近代社会〟では、人は自己責任という重荷を背負い、他人のせいではなく自分の人生は自分で築き生きなければいけなくなったのです。

どんな人の人生も、ああすればよかった、こうすればと悩みはつきもの。過ぎた過去の悔恨は良いも悪いも経験にはなりますが、嘆いてみたところで元には戻りません。それより、現在と未来をどう充実して楽しく生きるかを考える。これまでの人生で得た教訓や知識を自分なりの知恵に転換し、日々の生活に活かす。

文豪トルストイが「人生の後半を決めるのは昔身につけた習慣」と書いていますが、何歳からでも遅くありません。

これまでの人生で蓄えた知恵を駆使し、人生を快適にする良い習慣を身につける努力をしてみたいものです。

既存の50過ぎたらシリーズ文庫本三冊（ものは引き算、心は足し算）（50過ぎたら見つけたい人生の〝落としどころ〟）（家事はわり算、知恵はかけ算）を一冊にとの名案を祥伝社書籍編集部よりいただき実現したこの本が、知識や情報の多さに惑わされず、これまでの人生で身につけた知恵を見直し、何らかのお役にたつちょっとした機会になればうれしいかぎりです。

目次

ものは引き算　すっきりと心地よい暮らしのルール

1章　疲れないそうじ

2章　つらくない片付け

3章　追われない家事

4章 さりげないおしゃれ

心は足し算　豊かでおだやかな心持ちのルール

写真　半田広徳
スタイリング　沖幸子
デザイン　五十嵐久美恵 pond inc.

序章

50歳を過ぎたら、ものは引き算、心は足し算を合い言葉に

「きれいなおばあちゃん」になりたい

ボランティアでお伺いした高齢者のお宅で、ものにあふれ、そうじの行き届いていない汚れきった部屋を見ると、心が暗く痛みます。

高齢になって体の機能が衰え、ものを処分したり、汚れを解決するための体力や気力が不足するのかもしれません。

あるいは、人それぞれの汚れ具合の価値観があるのかもしれません。

部屋の様子はさまざまですが、これまでのその人の人生を無言のうちに語っているような気がします。

しかし、高齢になればなるほど、人から「おばあちゃん、小ぎれいにお過ごしですね」と言われたいもの。私はそう思っています。

それは、子供のころのこんな記憶のせいかもしれません。

親戚に、とても清潔好きのおばあちゃんがいました。亡き母の義理の母にあたる人で、そのおばあちゃんの家に行くたび、ピカピカに磨《みが》きこまれた石油コンロ（そのころ

母方の祖母が背中で教えてくれた習慣。コンロは使ったら、余熱が残っているうちにタオルで汚れを拭きます。頑固なコンロの汚れも、ついてすぐなら簡単に落ちます

は薪《まき》とか石油が調理の熱源としてポピュラーでした）に興味を覚えたのをいまだに思い出します。

私のためにいくつか作ってくれるのですが、調理が終わったらすぐ、濡《ぬ》れたふきんでコンロ全体を丁寧《ていねい》に拭《ふ》くのです。

その手つきがなんとも自然なのです。

余熱があるうちに、汚れがひどくならないように、「使ったらすぐ手入れをする」習慣。

それは、その何十年もあと、私がドイツ暮らしを始めたとき、きれい好きなドイツ人から教えてもらった習慣と同じでした。50年以上も前の日本のおばあちゃんも、同じ知恵を持っていたのです。

そのおばあちゃんの慣れた手つきは、台所の前庭で可憐《かれん》に咲いていた白いおしろい花と重なり、暑い夏の、懐かしくも美しい思い出です。

そうじが好き嫌いにかかわらず、せめて体力のある若いころから、こんな汚れを溜《た》めない習慣を身につけていれば、高齢になっても、きれいに住むことができるでしょう。

「年を重ねても、できるそうじ」をマスターしておく

そうじは、本来、体力も時間もかかるものです。

そうじが大好きでも（そういう人は、日本人には少ないのですが）、若いときは苦にならなかったことも、年齢を重ねるごとに心も体もつらくなります。

50歳を過ぎたころから、将来の自分を思い浮かべながら、そろそろ覚悟と準備が必要です。

脅かすわけではありませんが、肉体の衰えは、その速度を緩めることはできても、完全に防ぐことはできないのですから。

そこで、その〝準備体操〟として、年を重ねてもできるそうじを今からマスターしておくことが必要になってくるのです。

スタート年齢は、若ければ若いほどしっかり身につくので理想的ですが、何歳からでも遅くはありません。

私は、我が社の新人スタッフたちに、まず最初に言います。

気づいたときが、そうじどき

洗面台は、使ったらすぐに水滴をタオルで拭います。
ガラスや蛇口も特別なことをしなくても曇りのない美しさを保てます

インテリアにもなるドイツのホウキをドアノブに。
汚れに気がついたら、サッと手にします

「そうじは好きでなくていいから、上手になること」

プロになる最初の心構えです。我が社のマニュアルの最初のページに記されています。

時間を決め、いかに全体をきれいに仕上げるか。プロのそうじ屋の精神です。

ムダな動きがなくなり、体も疲れません。

知っていると知らないとでは大違い。

「きれいなおばあちゃん」になるための、プロの技術をお教えしましょう。

肝心なのは、いつも清潔で美しい部屋は、自分以外の誰が見ても「美しい」と思うこと。美しいという言葉は、客観的評価なのですから。

他人がホッとするほど居心地がよく清潔な部屋が「美しい」のです。

もちろん、そこに住んでいる人は最高に気持ちがいいはずです。

「もの減らし」は、つらくない方法で

「断捨離」「老前整理」なんて言葉が流行するほど、「ものを減らすこと」への関心が高まっています。

たしかに、すっきりとした家で小ぎれいに老後を暮らすためには、今から少しずつものを減らしておきたいですね。

それに、ご両親や近しいご家族を亡くされた方はおわかりになるでしょうが、遺品整理は本当に苦労するものです。

自分のときには、きちんと整理して、立つ鳥跡を濁さず、ではないですが、きれいに旅立ちたい。

そう思うと、急に自分の持ち物の多さが気になり始めたり――。

しかし、「ムダをなくしてシンプルな生活をしたい！」と、いきなり自分の周りからものをなくそうと手を付けてみたものの、なかなかうまくいかず、かえってそれが心の

余計なものは置きません

わが家のキッチンはいつもスッキリ。モノには置く場所を決め「使ったら、戻す」を心がけています

負担になって落ち込んでしまうことも。

実際、慣れないことをやろうとして心に負担をかけ、それと更年期が運悪く重なり、うつ状態になった知人もいます。

普通の人には、よほどの覚悟がない限り、突然生活を変えることは難しいです。

それどころか、すっきりとしたお部屋で「心の足し算」――豊かな生活をするための整理整頓だったはずなのに、後で「あれがあったらよかったのに。惜しいことをしてしまった」、そんな思いをしては、元も子もありません。

あなたのお部屋にあるものは、あなたを映す鏡です。

もっと大切にしてあげようではありませんか。


ものは、期間の区切りを決めて、緩やかに〝引き算する〟ことです。

89歳で亡くなった私の父は、10年くらいかけ、少しずつ自分の持ち物を引き算していきました。

車椅子《いす》生活になると、6畳一間の書斎には、いつのまにか机と椅子がなくなり、最後の家具は、ベッドと数枚の衣類をおさめた簞笥《たんす》だけに。

書類や本は、少しずつ自分から切り離していったのでしょう、残されたのは30冊の歴史書と古典全集でした。

いつかゆっくり読みたいと楽しみながら集めたその遺品は、唯一の父の形見分けとして、私が夏を過ごす森の家の本棚に収まっています。

もともと、ものへのこだわりのないあっさりした性格の父だったので、少しずつ思い出とともにものを自分から切り離すことが自然にできたのかもしれません。

父とは正反対に、ものへのこだわりが強い私は、少しずつ、父とは違うやり方で、一日一個を目標に、もの減らしを始めています。

それでも別れがたいものには、「自分ルール」を設定。

このルールで、去年は365個以上のモノが減らせました。

ものを増やすときにも、自分なりにルールを作ることで、次第に上手なコントロールができるようになります。

10年後、20年後の生活を考えながらものを引き算する習慣は、これまでの人生の余分な〝心の荷物〟も整理整頓できることでしょう。

品性をあらわす水まわり

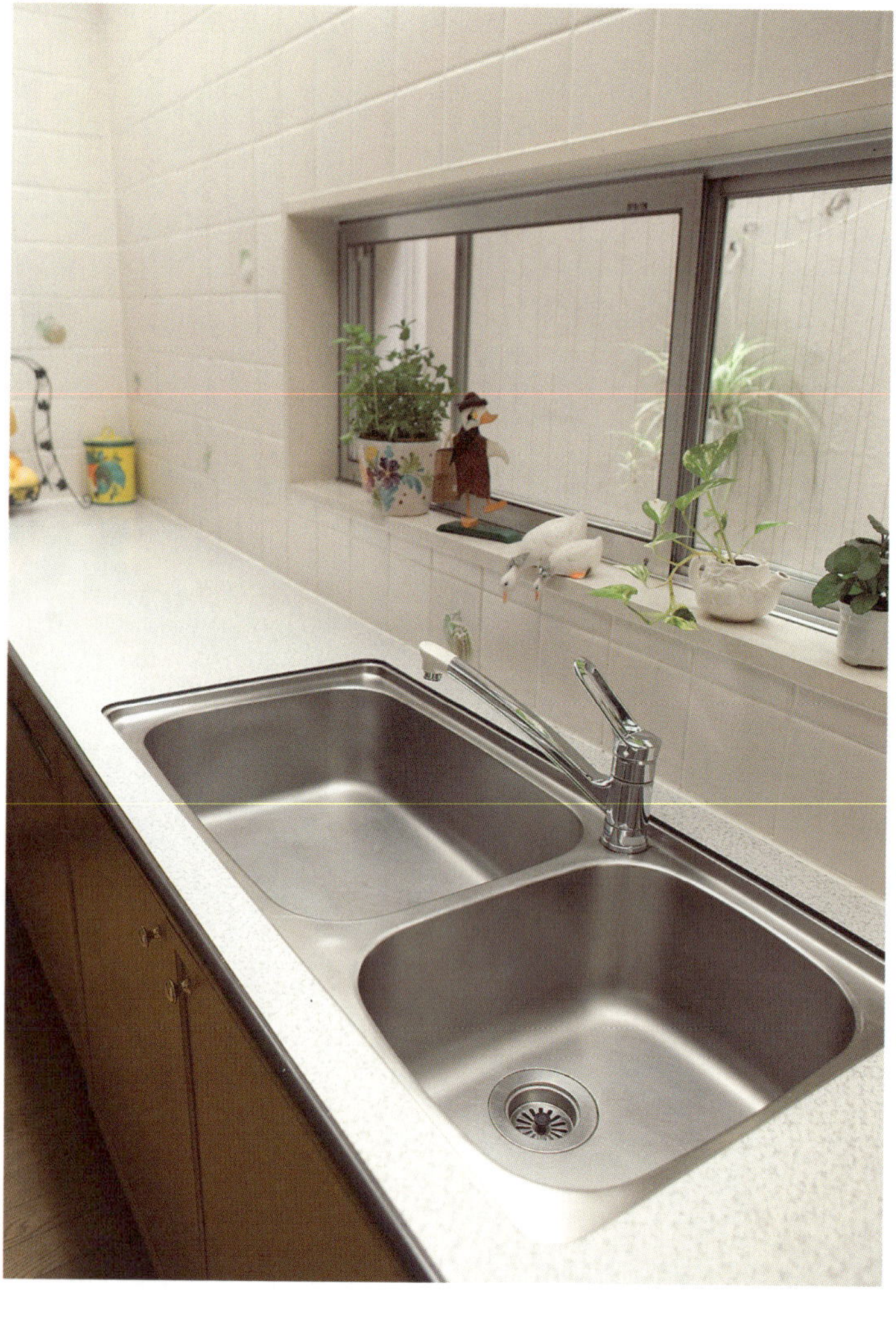

シンクも使ってすぐにタオルで拭う習慣をつければ、
めんどうな水垢落としは不要です

常に清潔なバスルームを保つには、汚れを溜めないこと。
そして、換気がカギを握ります

一番大切なのは、心の「足し算」

ある会合で「ずいぶん年取った人だなあ」と思ったら、高校の卒業年度が同じだとわかり愕然《がくぜん》としたことがあります。

まだ若いと自負していても、他人から見る私は、はたして、「年相応？ それとも……？」。以来、鏡の前でときどき考えることにしています。

実年齢よりも何歳も若く見せたい。本心からそう思う人は多いはずです。40代までは、それほど大きな年の差を感じないのに、50代、60代になると、見かけ年齢の差がグーンと広がります。

これまでの毎日の暮らし方、生き方をどのようにしてきたかが、見かけ年齢の差になって表れるのかもしれません。

先日、91歳の方とゴルフをご一緒しましたが、健脚で声にも張りがあり、年下の私たちの心配をよそに、無事に1ラウンドをホールアウト。

「お若いですね」というと、「あんたッ！　こんなつまらん世の中でも希望を持つことよ。小さくてもいいから」と、逆に激励されてしまいました。

前向きに明るく希望に向かって進んでいく人は、80歳であろうと90歳であろうと、周りの人には青年のように光り輝いて見えます。

暮らしからものを引き算し、すっきりと整理整頓された心に、希望の足し算をしていく。それが、気持ちのよい明るい人生を送るのに、大切なことではないでしょうか。

ローマは一日にして成らず。何歳になっても若々しい輝きを放つためには急に気が付いて荒化粧しても間に合いません。

普段からのきめ細かい心のケアの積み重ねこそが大切なのです。

年を重ねるごとに、心を豊かに穏やかに保つための引き出しを、できれば抱えきれないほどたくさん、積み重ね、足し算しておくことです。

〝おもしろき　こともなき世をおもしろく　すみなすものは心なりけり〟

うろ覚えの高杉晋作《たかすぎしんさく》の歌ですが、大切なのは前向きな心。その持ち方次第で人生は大

部屋の中で使っている小さなエコバッグも、
色とりどりのリボンで自分らしくリメイク

日用品や衣類入れには化粧石鹸を入れて。
使ったときや引き出しを開けたときのほのかな香りを楽しみます

きく変わるような気がします。

私は、暮らしのいろいろな部分に、楽しさがあふれる小さなしかけを組み込むことにしています。

人生のささやかなことに笑えれば、つらいことがあっても心を揺らさず、乗り越えていける。私はそう信じています。

1章

疲れないそうじ

体力引き算そうじ ①

床はそうじ機を、１回に５分だけと決めています。
週に一度は乾いたモップをかけます

椅子の脚や家具のかげなど、
いつでも拭けるところに、目立たないようタオルをしのばせておきます

年を重ねたら、快適なお部屋で過ごしたい

30代、40代のころの私は、仕事が忙しいことを理由に、根っからのそうじ嫌いの看板を堂々と背負って暮らしていました。

ときどき、ホコリや汚れまみれの部屋を思うと、後ろめたさはありましたが。

時間に追われ、朝早く家を出て、暗くなってから帰宅する生活だからこそ、ホコリや汚れを気にせず生きていくことができたのでしょうか。

まだまだ気力体力があふれる若さもありましたし。

それでも、汚れた部屋は、帰宅した途端、心も体も疲れが倍増するように思いました。

あのころを振り返ると、無知というか若気の至りとでもいうか、悪夢のような苦い気持ちになります。

家で長い時間を過ごすようになった今の私には、住まいが快適でない生活なんて、想像もできません。

そうじ嫌いの私が〝そうじ屋〟を始めたわけ

私がそうじサービスの会社を始めて、今年で31年になります。

あんなにそうじ嫌いだった私が、どうして？

――私の人生の大きな転換になったのは、ドイツでの暮らしでした。

当時勤めていた会社を休職して、ドイツでの暮らしを始めたばかりのころ。

そこで「窓ガラスが汚い！」とそうじ魔の怖い大家さんに怒られ、プロの窓ガラス磨き屋さんを紹介されたのが、きっかけでした。

当時の日本では、家の中のそうじは主婦の仕事で、手が足りないのなら家政婦さんにお願いするしか方法はありません。

ビルのクリーニング会社はあっても、家の中のそうじを専門とする会社はなかったのです。

体力引き算そうじ ②

大家さんに叱られて以来、窓ガラスは常にピカピカになるよう気をつけています。
ポイントは、1回に畳1枚分と決めること。年をとるほど時間・場所・範囲を決めて

ドイツ人は、できるだけ床にものを置かない方が、健康的な生活ができるといいます。
そうじの手間も省けます

私は、日本にいるころからそうじのプログラムを作って、女子大生のアルバイトさんにアウトソーシングすることもしていました。

プロの仕事ではなくても、人がおそうじしてくれたピカピカのバスタブに浸かるときには、何とも言えない気持ちよさを感じたものです。

ですから、ドイツでプロのおそうじ屋さんと出会ったときは、心が張り裂けるほど(!?)感動してしまったのです。

「日本に帰ったら、そうじ会社を作ろう。会社の名前は、『フラオ　グルッペ』(グルッペ夫人)」

そう、私の人生を大きく変えてくれた恩人、怖い魔女のような、きれい好きの大家さんの名前です。

「汚れる前にそうじしなさい！」

大家さんに言われた言葉は、今でもはっきりと心に残っています。

「自分でできなければ、私のようにプロのそうじ屋さんを頼むのよ。家が汚いことに、時間がないとか、体力がないとかは理由にならない。できなければ、他人に任せなさい。自分でやるなら、汚れる前にやること」

「汚れる前？」。私は、尋ねました。

「そう、汚れが目に見えなくても、家を定期的に拭いたり、掃《は》いたりすれば、いつもきれいなのよ」

これが、私がドイツで学び、今も実践しているそうじ術の、最も大切にしているポイントです。

「汚れる前？　どういうこと？」と思う人が多いのですが、簡単。

汚れには、〝見える汚れ〟と〝見えない汚れ〟があります。

そして、汚れは、見えない汚れがいつのまにか重なって、時間をかけてやっとできるものです。

見える汚れを取る作業は、磨いたりする動作が加わり、時間も体力も、道具も必要で

裸足で歩ける玄関を

汚れに気づいたらさっと拭く。敷物も乱れたら端を持って軽くポンとめくって戻しておくだけ。小さな積み重ねがキレイをつくります

す。

でも、見えない汚れは、さっと拭いたり、払ったりするだけで簡単に取れてしまいます。

あなたの体や心の健康と同じで、何事も隠されているうちの手当てや、定期的なストレス発散が大切。

「汚れて気になるから」

そうじするのではなく、

「きれいを保つ」

ためのそうじが必要なのです。

今が暮らしを変える最後のスタートラインです

家をきれいに保つことは、充実した毎日を送るためには大切なこと。

そのためのそうじや家事は、一部を人に任せるにしても、肝心なことは、あなたが主人公でやらなければなりません。

まだ体力のあるうちは、セッセと家じゅうをこまめに磨きまわることができても、年を重ねるごとに、心も体も家事やそうじが面倒になってきます。

だからといって、世捨て人ならいざ知らず、そうじも片付けもすべて放棄することはできません。

では、どうしたらいいのか。

——これからのそうじのやり方を、無理のない、ラクチンなモノに変えればいいのです。

そう、ムダな動きのない、短時間でできる上手なそうじの知恵。

ムダな動きを〝引き算〟していけば、心も体もずいぶん楽になります。

ここまでお話ししてきたことは、私が仕事で、著書で、あるいはテレビや雑誌の取材などで繰り返しお伝えしてきた、プロの「そうじの極意」です。

この「極意」を生かして、上手に、年を重ねたあなたに合わせた、「引き算そうじ」を身につけるのが、時間も体力もロスせずに、小ぎれいな暮らしを保つ、最大の秘訣《ひけつ》です。

上手なそうじは、時間も体力も少なくて済みます。

だから、上手なそうじは、体力と時間をあなたから引き算してくれるのです。

そうじに時間も体力もかけなければ、あなたの心は、その分、疲れませんし、楽しくラクラクです。

週のほとんどは、そうじから解放され、余った時間は自分のために使え、ゆとりもでき、充実した毎日が過ごせます。

確実に、心は〝足し算〟になりますね。

ラクラク体力引き算そうじ、4つのルール

知り合いの50代後半の専業主婦のAさん。

毎日何時間もそうじに費《つい》やし、「ここが汚れている」と思えば、きれいになるまで何時間でもゴシゴシ。「そうじが大好き!」というほどの自称きれい好きですが、実は……。お家はちっともきれいに見えないのです。スミマセン。

プロの私の目に眼鏡をいくつかけてみても、いつもバタバタ忙しそうにしている割には、いまいち、なのです。

彼女は、自分が見てきれいかどうかだけで、他人の目線を意識したそうじをしていないのです。

徹底的にゴシゴシと磨いた部分、そこだけはきれいになりましたが、その周囲はどうなのか、他の場所はどうなのか――。いわゆる、木を見て森を見ず。

彼女ほどそうじに時間を費やしていても、人から見たらきれいに見えない、というのは、実はよくあることです。

きれい好きなドイツ人でさえ、そうじ好きでそうじばかりやっている人を「そうじ魔」と呼び、陰で笑いの対象になります。

ちょこちょこっとそうじをして、いつも美しく清潔な部屋を保っている人が「家事上手」として尊敬されるのです。

忙しく動き回って気力も体力も使い果たしても、他人が「まあ、きれい」と感嘆しなければ、あなたの家事力は評価されません。

私は、今でも、そうじが好きではありません。

でも、自慢するわけではありませんが、「そうじ上手」を自負しています。

そうじは嫌いですが、汚れが蔓延《まんえん》している部屋よりは、美しい部屋に住みたいと思います。その方が、心が落ち着くからです。

完璧ではありませんが、我が家はいつも、そこそこ〝きれい〟で、快適です。

いつ来客があっても「家が汚れている」と、あわてることもありません。

私が守っている4つのルールがあります。

①道具や洗剤はシンプルに。しまう場所は、取り出しやすい定位置

道具や洗剤はシンプルに。最少の数をそろえておきましょう。

私が使うのは、はたき、そうじ機、タオル。洗剤は中性洗剤とクレンザー。

これだけで十分。いつもきれいな環境を保てます。

私はタオル一本で、どこでもそうじをしてしまいます。

乾いたタオルや濡らしたタオルで、家じゅうきれいにできるのです。

道具は使ったらその都度、洗ったりして手入れをしておきます。次回、すぐ使えるように。

②生活の中で「汚れの引き算」を習慣にする

使ったものをさっと「ひと拭き」。

いつもの生活行動のついでに、汚れを引き算してしまえば、「よし、やるぞ!」と気負わなくても、いつのまにか汚れから解放されます。

私は、ドイツから帰国して以来ずっとこれを習慣にしていますが、歳を重ねるごとに、このそうじ方法はますます大切になってきました。

③同じ動作を「同時に」「長時間」繰り返さない

5分で取れない汚れは、それ以上同じ動作を繰り返しても取れません。ひどい汚れは、何度かに分けて拭いたり、磨いたりして、少しずつ汚れを緩めた方が疲れません。

50代からのあなたは「汚れは完全に取れない」の諦観《ていかん》の境地で、何事も割り切って向かい合うことも大切なのです。

油汚れと水垢《みずあか》汚れは、同時に拭いたり、磨いたりしないこともコツです。

たとえば、キッチンの油汚れのそうじをして、そのあとバスルームのそうじをすると、かなり疲れます。水と油は、そうじの世界でも相性が悪いのです。

ほかにも、床を拭く動作と窓ガラスを磨く動作は、同じ日に行なうと疲れます。

そうじが好きで体力に自信があっても、心も体も消耗《しょうもう》してしまいます。

磨く動作と拭く動作は、別々に分けてやります。

④そうじの時間と場所を決める

「一か所のみ」「5分以内」が合言葉。

拭くだけで70％の汚れは取れます。それで十分きれいに見えます。

特に広い場所、体力のいる場所は一度にやろうとせず、必ず時間と場所を区切って。

そうじ道具は極限までシンプルに

50代以降の暮らし方や生き方は、シンプルが一番。そうじ道具も同じです。

あなたの家には、どんなそうじ道具がどれだけありますか。

立ち止まって、考えてみましょう。

想像するに、たいていのお宅には〝複雑で使えない〟、〝いつ買ったかわからない〟、〝あるのさえ忘れてしまった〟そうじ道具が、かなりあるようです。

大切なことなので繰り返しますが、そうじをするのに特別なものは要りません。

はたき、そうじ機、そしてタオル。これが私の三大そうじ道具です。

洗剤は中性洗剤とクレンザー。これだけで十分。

いつもきれいな環境を保てます。


私はタオル一本で、どこでもそうじをしてしまいます。

以前、私がそれを一冊の本にまとめたところ、思いもかけないほど多くの方に読んでいただきました。

私にとっては、ごく当たり前のことだったのですが、テレビでご紹介したときに司会の人気タレントのNクンが、「沖マジック！　沖マジック！」と歌ったおかげで（？）少し話題になってしまいました。

私がそうじ会社を始めてからずっと温めてきた、究極のあのそうじ法。

実は、自分の老後の快適な住まいのために書いた本だったのです。

この「タオル一本そうじ」は、年を重ねてからこそ、重要になる考え方なのです。

タオルさえあれば老後もピカピカ!

そうじ会社を作って31年になりますが、私は、そうじは「好き」でも「嫌い」でもなく、「上手になる」ことが大切だと信じてきました。

何度も言いますが、上手なそうじの方法は、労力も時間もかけないで、簡単にきれいにすることです。

だからこそ、そうじ道具はタオルのように、扱いやすく、いつでもすぐに取り出せる簡単なものが最高なのです。

タオルをうまく使いこなせれば、そうじが苦にならず、体力が衰え始めた老後の生活に役に立ちます。

タオル5つの魔法

つくづく、タオルは最高のそうじ道具だと思います。
魔法にかかったように、ラクに家じゅうをきれいにできるのですから。
厚かましいようですが、これこそ、〝沖マジック〟かもしれません。

タオルのいいところは、以下の5つに集約されます。

①どこでもしまえて、場所取らず
しまう場所は、椅子の下、テーブルの下、どこでも。
場所を取らず、すぐに取り出せます。

②素材がいい
吸水力があり、肌にも建材にもやさしい。傷をつけることなく安心して使えます。

私は、コットン100%のものを使っています。

③ 1枚でなんでもできる

タオル1枚で、はたく、掃く、拭く、磨くなどの、そうじの基本動作ができます。

④ 形が自由に変えられる

手に巻きつければ、ブラシに。

折りたためば、いろいろな面で拭けます。

⑤ 何度も洗って使える

昔の布おむつのように、洗って乾かせば何度でも使え、エコライフを満喫できます。

「拭く」だけのそうじでいつもきれい

毎日の我が家のそうじは、「拭くだけ」。

床は、週に一度、5分の時間を見つけ、気になる場所だけ、そうじ機をかけたり拭いたりするだけです。

「そんなことで、本当にきれいになるの?」とお思いですか?

私には、ある〝習慣〟があるので、これが実現できるのです。

ドイツから帰国して以来、私が心がけていること――。

それは〝汚れ引き算3点セット〟。

いつもの生活行動のついでに、汚れを引き算してしまうのです。

よし、やるぞ!　と気負わなくても、いつのまにか汚れから解放される習慣です。

もちろん、そうじ上手になる近道でも。

①道具を使ったあとで、ひと拭き

② 汚したら、その場ですぐ拭く（掃く）

③ 汚れは見つけたときに処理する

汚れは、時間がたてばたつほど溜まり、頑固なものになります。

できれば「見えない汚れ」のうちに処理してしまいましょう。

今朝も忙しいキッチン仕事の最後に、食洗機の洗剤を床にこぼしてしまいましたが、「その場ですぐ拭く」を実践。

おかげで2分くらいの拭きそうじで床はピカピカに。

たった2分で、床の汚れも、床そうじも、私から〝引き算〟されました。

なんだか今日一日、心が軽くなったようです。

時間も労力もいらない〝汚れ引き算3点セット〟が習慣化したら、汚れが増える〝足し算〟はあなたの生活からすっかり姿を消すはずです。

つまり、きれいになった部屋をそのまま汚れが溜まらないようキープすることが、自然にできるからです。

朝、必ず顔を洗うように、〝引き算そうじ〟が毎日の当たり前の生活習慣になれば、あなたは立派な〝きれいなおばあちゃん〟予備軍です。

そうじの動作は「同時に」「長時間」してはいけません

そうじの基本は、「はたく」、「掃く」、「拭く」、「磨く」。

この４つの動作が基本です。

疲れないそうじは、この４つの動作をいつも、「同時にしない」「長時間繰り返さない」ことがコツ。

繰り返しになりますが、先に紹介した〝汚れ引き算3点セット〟をあなたの毎日の習慣にしてしまえば、毎日のそうじは「拭くだけ」で十分なのです。

ひどい汚れになるまで放置すると、時間も体力も要る「磨く」動作が必要になります。

これまでのあなたのそうじを、ラクラク「引き算」に変えるためには、汚れない工夫をし、汚れを溜めない暮らしの習慣こそが大切なのは、もうおわかりですね。

さあ、汚れたらすぐ拭きましょう。
そうすれば、「拭く」だけで済むのです。
「磨く」動作が必要になる前に。
汚れが見えないうちに、汚れが古くならないうちに。
引き算そうじは、「拭く」動作からスタートします。

体力の要るそうじは、やる場所を〝引き算〟

この10年あまり、全国の自治体が運営しているシルバー人材センターで講演をすることがよくあります。
60歳以上の元気な高齢者が地域ごとに登録し、依頼があれば、家事サービスの担い手として出かけていくのです。

住民から多い注文は、なんと、そうじなのだそうです。

ところが、「きれいにならない」など、サービス後のクレームも相次ぎます。センターに登録しているシルバーの皆さんは素人《しろうと》なので、プロよりも安価で請け負っているのに、「お金を払っているのできれいにして！」と要求されるらしいのです。

たしかに、お金を払う分きれいにしてほしいのは当然かもしれません。

ということで、そうじのプロの私の出番。少しでも皆さんがそうじの〝セミプロ〟になるためのお話をさせていただくわけです。

「どこの場所のそうじが大変ですか？」

受講生の方に聞くと、そうじサービスの中で一番しんどいのは、「そうじ機をかけたり、床を拭く」ことだそうです。

年齢に関係なく、床そうじには体力が必要です。年を重ねればどんどん大変になります。

やはりと言うべきか、サービスを頼んでくる人も、50代や60代が多いらしいのです。

そうじ機かけがしんどい人が、同じ年代の〝しんどい〟人に頼む。高齢者が高齢者を支えている、笑えないような珍現象があちこちで起こっているのが今の日本でしょうか。

そうじ機かけや床そうじをするなら、一度にやるのは、せいぜい6畳までと決めておきます。

それ以上の広い部屋は、出入り口、テーブルの下、部屋の周りなど、汚れやすいところを短時間に、場所を決め、狙《ねら》い撃ちにします。

もちろん、かける時間は5分以内。

決して、一度に全部をやろうとしないことがコツです。

すでにある頑固な汚れは、今のうちに追放

現在、どこもピカピカで、家じゅうに汚れはない、ましてベタベタした頑固な汚れな

んてありません。

そんな人でも、余計なことを言うようですが、きれいな老後は保証できません。

汚れの神様は、ちょっと気を許すと、いつのまにかあなたの部屋に舞い降りてくるからです。

実は、ピカピカを誇っている我が家でも、汚れたり、散らかったりする瞬間がありまず。

そんなときは、なぜか心も落ち着かず、イライラしてしまいます。

私は、少しでも早くそんな気持ちから解放されたいと思うので、すぐその場できれいにしてしまいます。

ほとんどの家には、頑固な汚れがあるのが現実。

そうじの手を抜いても普段の生活にまったく困らない場所こそ、注意が必要です。

知らず知らずのうちに汚れが溜まり、気が付いたときには頑固な汚れになっているからです。

汚れは、すぐ処理すれば、時間も労力もかけずにきれいになります。

この簡単にできる「瞬間芸」さえ身につけてしまえば、何歳になってもいつもあなたの部屋はきれいを保つことができるのです。


あなたの家に、キッチンのレンジ台や換気扇のベタベタ汚れはありませんか。

今こそ、あきらめないで追放してしまいましょう。


換気扇は、外せるところは外します。

木べらで、傷をつけないように、こびりついた汚れを擦《こす》り取ります。

ぬるま湯に漬《つ》けてふやかしながらやると、スムーズです。

濡れたタオルで拭いた後、取れない汚れは、スポンジにクレンザーをつけて円を描くよう磨きます。

電源は必ず切ること。


そして、これからが〝頑固な汚れの引き算そうじ〟のスタートです。

週に一回は、ぬるま湯で固く絞ったタオルで拭きましょう。

序章でお話しした、あのきれい好きの親戚のおばあちゃんが、コンロをひと拭きしていたようにです。

見た目はきれいでも、必ず、拭く習慣を身につける。

これこそ、ベタベタ頑固汚れを追放するための原則です。

大そうじはしません！

これを続けていたら、この十数年、我が家からは年末の大そうじがなくなりました。

ただでさえ、気忙《きぜわ》しい年の瀬の貴重な時間や労力を、大そうじに費やすこともなくなったのです。おかげで、その分、買い物をしたり、食事に出かけたり、小旅行に出かけたり、普段できないこと、やりたいことなどに十分時間を使えるようになりました。

大そうじをやらなければいけない場所を、普段から小ぎれいに保っておけば、大そうじがあなたの生活から〝引き算〟されるわけです。

汚れは、天井が大好き

煙とホコリは、上にのぼることをご存知でしょうか。

実は、部屋の中で、天井は調理などの生活臭や油、たばこのヤニ、ホコリなどで、一番汚れやすい場所。

知らず知らずのうちにホコリが重なって頑固な汚れになり、汚れを呼ぶ。

つまり、天井が汚れていると、部屋中がホコリっぽくなるというわけです。

大そうじ要らずのお部屋は、天井のお手入れも重要です。

天井の汚れを引き算

①部屋の換気に十分気を付ける

朝は必ず窓を開け、こまめに換気扇を回す。

特に湿気やすいバスルームや調理中のキッチンの換気は、細かい気配りが必要です。

ドイツで学んでいたころ、早朝の授業に部屋に入ってきた教授がいきなり窓を開けて、「新鮮な空気を入れよう」。

外はミノス（零下）の世界。

一瞬の出来事でしたが、窓から部屋に流れ込んだ冷たくて新鮮な空気で朝の眠気も吹っ飛び、頭が一段と冴《さ》えてきたのを覚えています。

部屋の換気を頻繁にすると、部屋に汚れも溜まらず、体の細胞も活性化する重要な効果をもたらすようです。

ドイツ人が、部屋の換気に神経を尖《とが》らす理由はここにあるのですね。

②天井の掃きそうじ

長めのほうきにタオルをかぶせ、天井や壁を掃きます。

これで見えないホコリまでかなり取れます。

③照明のお手入れ

照明も天井の一部で、熱で静電気を起こしやすく、ホコリが付きやすくなります。

普段は、ホコリをタオルではたき、月に一度、濡れたタオルで拭きます。

新聞紙を棒状にたたみ、タオルをかぶせると、照明器具などの拭きそうじに便利です。

手の届きにくい高い場所にある照明器具は、手入れがしやすいことを最優先に選びます。

取り外しやすく、水で洗えるものを選ぶようにしましょう。細かい凹凸《おうとつ》があり、凝《こ》ったデザインのものは、避けるのが賢明です。

風が流れる部屋

心身とも快適な住まいづくりの基本は、部屋に風が流れ、いつも新鮮な空気に満ちあふれていること。

そのためには、窓を開け、ホコリを払い、床を拭いたり掃いたりすることを心がけます。

そうじの行き届いた部屋は、若草のような自然のいい香りがします。

窓を開け、そうじ機をかけたあとの、何とも言えない部屋の澄んだ香りが大好きです。

朝、どんなに寒くても窓を開け、新鮮な空気を取り込む習慣は、ドイツ暮らしから始まりました。

猛暑でも、クーラーを使いながら、ときどき窓を開け、部屋の空気を入れ替えます。

部屋の空気がどんより曇《くも》ったようになると、頭の中ももやもやし、こころも暗く重くなるようです。

お客さんが来られる30分前には窓を開け、新鮮な空気を入れ替え、帰られたらすぐ窓を開けて風を通すようにします。

新鮮な空気でお客さんを迎えるのは礼儀でもあり、大切な〝おもてなし〟です。

調理や食事のあとは、必ず窓を開け、換気扇を回し、料理の匂いを意識的に追い出すように心がけています。

調理や生活の匂いが部屋にこもると、それが汚れの元となり、いつのまにか重なり、本格的な汚れとなるのです。

留守中は、水回りの換気扇を回し、部屋のドアは、空気が流れるように、少し開けておきます。

我が家は、いつも部屋じゅうに風が通ることを意識しているので、カビ知らず、においい知らず、汚れ知らず。

においに敏感になりましょう

山陰の小さな旅館で、夕食の片付けが終わった後、食器棚の扉を開け、風を通して換気をしているのを見て、おもてなしのプロの清潔への細かな配慮に共感し、感動したのを思い出します。

特に食器棚の中は、湿気がこもりやすく、閉めきったままだと、カビや汚れで不衛生になりがちなのです。

その宿では、スリッパがなく、床もピカピカに磨きこまれていました。

丁寧なおもてなしと清潔な心配りに、また訪れたくなる旅の宿です。

年を重ねるごとに、においには敏感になり、身なりの清潔感に気を配ることが大切です。

老人臭のない清潔なお年寄りになりたいから。

そして、気を付けたいのが自分の家のにおい。

人を不快にする自分の家のにおいは、自分では意外と気が付かないことが多いものです。

部屋のにおいは、調理や生活から出るにおいが中心です。


また、部屋のにおいは、放置すれば汚れにもなります。

ドイツ人の友人エリカは、「においがする部屋は汚れている」といいます。

汚れているからにおいがするのも事実ですし、においが重なって部屋が汚れるのも、これまた真実です。

逆もまた真。清潔な部屋は、においとも無縁ですし、においのない部屋は汚れとも無縁です。


私は、普段から部屋に空気の流れを作るよう気を配ります。

朝は必ず窓を開け、空気を入れ替えます。

新鮮な空気は、住む人のやる気のエネルギーを呼びます。

トイレやバスルームなどの水回りやキッチンの換気扇は、使う前後から回しておきます。

食器棚もにおいがこもりやすいので、定期的に扉を開けて空気を入れ替えます。

ジメジメした湿気もにおいの原因になります。

天気の良い日は、そうじのついでに、戸棚やクローゼットの扉を開け、乾燥させ、湿気を追い払います。

こうすればカビ防止にもつながります。

ピカピカのお風呂とトイレ

ドイツでは、水回りのクリーン度は、その人の品格を表すといわれます。

トイレは、急な来客の「トイレ拝借」であわてることがないように、いつもピカピカに磨いておきます。

わざわざ、トイレそうじに時間を割かなくても、自分が使ったときにきれい度を保つことを心がけるだけで十分です。

この〝使ったときは手入れどき〟の習慣が大切。

水を流した後、柄付きたわしでササッと磨き、全体を目でチェックします。

便器まわりは、2日に1回程度固く絞ったタオルで拭き、ついでに床も拭いてさっぱりさせます。

最後の仕上げに、トイレロールの先はホテルのように三角に折ると、トイレ全体がきれいに整って見えます。

ときどき、こころが〝もやもや〟して、疲れていると感じたら、気分転換にトイレを磨いてみてください。

禅の修行にもあるトイレそうじは、汚れを磨くのではなく、〝こころを磨く〟ためだといいます。

「こころをゴシゴシ磨く」つもりで、トイレそうじをするのもやる気が出てきませんか。

バスルームは、使ったあと、バスタブの中が水垢でぬるぬるしないよう、タオルで磨くように拭いておきます。

床や壁には、熱めのシャワーをかけ、汚れの原因になる石鹸《せっけん》かすなどをきれいにします。シャンプーや石鹸などの小物類は、網目のかごにまとめておけば移動もラクです。

窓を開け、換気扇をこまめに回すようにすれば、カビから解放されます。

いつも清潔な水回りは、健康ライフには欠かせません。

楽しいそうじの小さなワザ

歳を取れば取るほど、家をいつも整理整頓し、清潔に暮らしたいと思います。

きれいな部屋は「よい気に満たされる」といいますから。

汚れを溜めないで、マメにそうじをすることは、元気な老後のためにも必要なことかもしれません。

「わかっちゃいるけど、なかなかその気にならない」と手を抜いていると、いつのまにか手に負えない汚れが蔓延してしまいます。

そうならないために、ここでは「そうじが楽しくなる豆知識」をいくつかご紹介します。

こんなふうに、楽しさを生活にちりばめておくのも〝沖マジック〟です。ぜひ試してみてください。

①窓ガラス磨きは曇《くも》った日に、新聞で

しばらく怠けていたので、汚れがひどくなった窓ガラス。

まず濡れたタオルで拭き、そのあと乾いた新聞紙を両手でわしづかみにし、それで円を描くようにくるくると磨いて完成です。

水に溶けた汚れを、新聞紙が吸い取りながら、ガラスの表面にインクの油がワックス効果を残してくれ、驚くほどピカピカに。クセになりますよ。

新聞紙はそのまま捨てられるので、後片付けもラクラクです。

また、窓ガラス磨きは曇りの日にするのは昔からの生活の知恵。

ガラスの反射が少ないので汚れがはっきり見え、しかも湿気で汚れも取れやすいのです。

②牛乳でトイレがツヤツヤ、ピカピカ

冷蔵庫に入れたまま、飲み忘れて古くなった牛乳。
捨ててしまうのはもったいないので、シンクを磨いたり、トイレを磨いたりします。
汚れも取れ、まるでワックスをかけたようにツヤツヤ、ピカピカです。

③フリースの靴下でホコリ取り

流行《はや》りのフリース素材の衣類や靴下。
今年の冬は寒いので、フリースのソックスのお世話になりました。
古くなった厚手のフリースのソックスは、ホコリ取りに最高！
ミトンのように手を入れ、棚や床、家具など、思いついたままどこでも拭けます。
やわらか素材なので、傷がつく心配はゼロ。
静電気でホコリをみるみる吸い寄せてくれます。

使った後は、ホコリを払って、洗濯をすれば、何度でも使えます。

④床のそうじは、ほうきがいちばん！

地方での私の講演を聞いた方から、立派な棕櫚《しゅろ》のほうきが送られてきました。

日本の伝統工芸のほうき。

子供のころ、どの家にも座敷の壁にほうきがかかっていたのを懐かしく思い出しました。ほうきの穂先を傷めないよう吊《つ》るすのがベストの収納方法だったのです。

我が家では、インテリアも兼ね、玄関のコートかけに吊るすことに。

来客があるたび「素敵なほうきですね」と話が盛り上がります。

さっそく使ってみましたが、これが便利。

畳や床のホコリは、ほうきで取れば時間もかからず、いつでも気が付いたときにできます。

出かける前、帰宅したとき、執筆に疲れたとき。

ほうきでスイスイ掃けば、気分転換にもなることを発見しました。

我が家の床はフローリングなのですが、棕櫚のほうきは、棕櫚に含まれている天然油がツヤ感も与えてくれるようです。

ついでながら、ほうきは、畳の目や板のつぎ目に沿って掃くのが基本です。

⑤果物の皮でそうじ

私は少人数の料理には、いつも片手のアルミ鍋《なべ》を愛用しています。

アルミは使ううちに黒ずんできますので、ときどき、たっぷりの水とリンゴの皮を入れ煮立たせます。

ほのかなリンゴの香りと一緒に、リンゴ酸の働きでお鍋がきれいになります。

レモンやみかんの皮でも、同じようにピカピカになります。

果物の皮を使えば、人にも、環境にもやさしい、楽しいそうじができますよ。

⑥ジャガイモの皮でデキャンタそうじ

赤ワインが好きな我が家では、おちょぼ口のデキャンタのそうじに、ジャガイモの皮を使います。

ジャガイモの皮と水を入れて口を手でふさぎ、カクテルのようにシェイクします。グラスを傷つけることなく、ジャガイモのでんぷんが汚れを吸収し、きれいになります。

ジャガイモ料理で皮が出たときが、我が家のデキャンタの〝そうじどき〟。

⑦パスタのゆで汁で洗剤いらず

休日の一人ブランチは、パスタ料理と決めています。

パスタのゆで汁をボウルにとっておき、油で汚れた食器や調理器具を洗うのに使います。たいていの油汚れは、まるで洗剤を使ったように落ちます。

でんぷんを含む米のゆで汁も同じような効果があります。

⑧蚊取り線香の灰

夏の我が森の家では、蚊取り線香が大活躍です。

すっかり蚊取り線香の魅力にはまってしまった私は、森の家だけでなく東京の家でも使い始めました。

蚊取り線香の香りとともに、懐かしい子供のころの夏が蘇ってきます。

使い終わった灰は、アルカリ分が強く粒子が細かいので、クレンザーとしてとても便利です。

乾いたスポンジにつけて、ガスレンジ台を磨いたりします。

電気代もいらない蚊取り線香を使い、残りの灰も利用できる。

この、夏のエコ生活にすっかり上機嫌になっている私です。

⑨黒こげと太陽

自慢ではありませんが、私は、ながら家事の上級者。

しかし、ときどき反省することもあります。

先日も、煮物をしながら書き物に夢中になり、あっという間にお鍋を真っ黒にこがしてしまいました。

クレンザーや硬いスポンジで力任せに磨いてもすぐには取れません。

こんなときは、騒がず、あわてず。

こげついた鍋を太陽に当て、からからに乾燥させます。あとは乾燥したこげの部分が剝《は》がれ落ちるのを待つのみです。

鍋のこげつきは、「乾かして、取る」！

⑩雪でカーペットがきれいに

東京は雪に弱い大都市です。ほとんどの交通機関に支障が出、道路も慣れない車が立ち往生してしまいます。

今年の冬、大雪が積もったときも、朝から慣れない雪かきで大わらわでした。

そんな日には、ドイツで覚えた雪の日の絨毯《じゅうたん》そうじ。昔のおばあちゃんの知恵です。

さっそく我が家の玄関の一畳大のカーペットを雪の上に引っ張り出しました。

カーペットを裏返しにして、30分くらいそのままにしておくのです。

きれいなほうきで雪を払い、しっかり乾燥させると、ホコリも取れ、色柄も鮮やかによみがえるから不思議です。

⑪網戸のそうじは雨にお任せ

先日の雨の日、近所の70代のご主人が、外した網戸を家の塀に立てかけているではありませんか。

これは、昔からの日本の〝おばあちゃんの知恵〟に登場する網戸のそうじ法。

昔ながらのそうじは、想像以上に合理的だと感心してしまいます。

雨が汚れをきれいに洗い流してくれるので、網戸そうじがラクラクです。

残念ながら、網戸が簡単に外れず、立てかける場所もない我が家ではＮＧですが……。

外すのが厄介《やっかい》な網戸は、両手に持ったタオルで網戸を挟んで拭くのがお勧めです。こうすれば、デリケートな網が破れる心配がありません。

2章

つらくない片付け

ものに囲まれる私たち

今私たちの周りにはものがあふれています。

車も道具も、技術の進歩がめまぐるしく、携帯電話やテレビも買った瞬間から古くなるほどの速さです。新しいデザインも次々と生まれます。

毎日多くのものや情報の洪水にさらされている私たちは、好きなものを選ぶ楽しさがある反面、選ぶ苦しさ、煩雑さで、知らず知らずにストレスを感じているような気がします。

収納に入りきらない、床に散乱する、次から次へと増えてどうもすっきりしない——あふれるものの洪水に困っていませんか？

個人差があるものの、家具や電気製品、衣類、暮らしの道具など、平均すると私たちの家の中には2万個以上のものがあるそうです。

そのうちの半分以上は、なくても毎日の暮らしに困らないものです。

生きていくために必要なものは、そんなに多くないのです。

自分の持ち物の多さにため息をつくより、まず、ものを引き算し、少なくすることから始めてみることです。

ムダなものが少なくなれば、その分毎日の暮らしが軽やかに豊かになるはずです。

床にものを置かないスタイル

床にものを置かない部屋は、どれほどすっきりした印象を与えるかご存知ですか。もちろん、そうじもしやすいことも。

クエーカー教徒は、あらゆる生活用品を壁にぶら下げ、床をすっきりさせました。ほうき、服も鍋も、椅子までも。

アメリカのテレビドラマでも、寝室や子供部屋の入り口のドアの裏側のフックに洋服を掛けているのをよく見かけます。

ドイツ人も、床にものを置かない方が、健康的な生活ができるといいます。ドイツ人の家の床は、ローラースケートができそうなくらいきれいです。

ものがない床は、そうじも行き届いてきれいですっきり。

ものに躓《つまず》いてけがをすることもないので、余分な医者代もかからず、お金が貯まるそうです。

床にものがないと、そうじもラクですし、その効果も倍増。部屋がきれいに映えます。

ものを置かない床は、広々として見え、心もホッとする、まさに「豊かさ」の表れです。

老後の快適生活を送るために身につけたい、最優先の習慣です。

整理整頓は人生の半分

あなたは、外から家に電話をかけ、留守番の家族や知人にどこに何があるかをスムーズに伝えられますか。

部屋じゅうが整理整頓されていると、すらすらとよどみなく言えるはずです。

家のどこに何がどれだけあるかを知っておくことは、自分以外の人の手を上手に借りるための生活の予行演習にもなります。

私は、ときどき、部屋のあちこちの引き出しやもの入れを想像して、〝何が入っているか〟を思い出しながら、頭のトレーニングをしています。

ドイツ人の暮らしには、「整理整頓は人生の半分」という精神が根付いています。

ドイツ人にとって、整理整頓は人生の中で半分ほどを占める重要テーマ。部屋の中が整理整頓され、身の回りにムダなものがなければ、人生は快適で、清潔で充実した生活を送ることができるというわけ。

だから、いいものを身につけることよりも、部屋の中がいつもきれいに片付いていることが、人生にとっては重要テーマなのです。

自分にとって必要なものが、部屋のどこに、どれだけあるかがきちんとわかっていることで、イライラせず安心した人生が送れるのです。

ものの引き算は、ゆっくり、無理なく、少しずつ

必要なもの以外は、できるだけものが少ない方が心も体もリラックスします。ものが少ない方が、心に迷いが少なく、いつも穏やかに暮らせます。

実際に周りにものが多いと、「どれにするか」と迷ったり、心が散漫になったり、集中力を欠いてしまうといわれています。

しかし、これまでのものに囲まれた生活から、一度に全部のものをなくしてしまうのは、よほどの決意がない限り、凡人には無理がありそうです。

「ムダをなくしてシンプルな生活をしたい！」と、いきなり自分の周りからものをなくそうと必死になり、手を付けたはいいけどなかなかうまくいかず、かえってそれが心の負担になって落ち込んでしまった50代の知人がいます。

慣れないことをやろうとして心に負担をかけ、それと50代の更年期が重なり、うつ状態を引き起こしたのです。

「一日一つ」引き算のルール

彼女を見ていても、ものが十分にあることに慣れきった現実生活の、いきなりの清算は難しいことです。

欲しいものがいつでも手に入る、これまでの彼女の生活を、いきなり50歳になって清算することは、出家でもしない限りできるわけがありませんし、不自然です。

「あれも、これもあったらよかったのに」

そんな思いに明け暮れないために。

少しずつ、できれば、一日、1週間、ひと月、そして1年ごとに区切りをつけ、緩やかにものを〝引き算する〟ことです。

私は、一日一つ以上ものを引き算することにしています。

ビジネスも、決算期ごとに事業の内容やお金の出入りのムダをチェックします。

急に借金が増えたり在庫がなくなったりすると、経営に支障があるからです。心も家の中も同じです。

部屋が片付く「定位置、定番、定量」の考え方

具体的にものを減らしていく前に、あなたに必ず覚えておいてほしい3つのルールがあります。余分なものが増えず、部屋がいつもきれいに片付いているために必要なルールです。

身についた生活のルールは目に見えませんが、きれいに整頓された部屋の状態で表現されるでしょう。

①定位置

あなたの周りのものに、〝住所〟を決めるのです。

使ったら元あったところに戻す。

この繰り返しが基本です。

これを守れば、どこに何がどれだけあるかが一目でわかり、ものが増えなくなります。

探し物をする時間も〝イライラ〟する心の負担も減ります。

②定番

ものを選ぶ大体の基準を持っておくことです。

私の場合、たとえば、家じゅうのタオルはコットン100%の白。

下着は、自然素材が中心の黒か白。スーツの素材は、ウールや麻が基本。

家具は、部屋の雰囲気と好みから木製品が中心です。

部屋に飾る花は、白いカサブランカ。たまにはチューリップや季節の花が混じることがありますが。

このように持ち物やインテリアなどは自分流のこだわりとコンセプトを決めています。もちろん、洋服が黒からグレーやブラウンに流れることがあったり、カサブランカがチューリップになったりすることはありますが、たまには変化を楽しむ気分転換で心を喜ばせることも、少しはありかな、と思います。

自分のものへの好みやこだわりをはっきりさせる「定番」感を持つことは大切です。

デザインや気分にひかれて衝動買いをすることが減り、ものも増えず、無理せず〝ものの引き算〟が無意識のうちにできる〝優れもの〟です。

③定量

所有するものの量は、あなたの住まいのスペースと管理能力に合わせることです。

日用品は、「安かったから」と、買い溜めするのはやめます。

使う量の倍以上のストックは、余分な収納場所も要ります。

同じものを何日も使い続けなければいけないデメリットもあります。

食品など口に入るものは、食べる量を量りながら、銘柄をときどき変えるのも健康的ですから。

中が見えるものは、半分以上使い切ったら一個補充。

中身が見えないラップなどは、いつもスペア一個を買い置く〝ワンストック・ワンユース〟を守ります。

もの離れの練習を始める

50代初めから訪れた父、そして母との永遠の別れの中で、もの離れを近くで見たことは、私のこれからにとって、とても参考になりました。

物欲がまったくなかった父は生涯にわたって持ち物は少なく、ものに執着するタイプの母はものにあふれる対照的な暮らしを送っていましたが、二人ともそれぞれ人生の最後には残されたものがほとんどなく、気楽に処分できる状態にしてくれていたのには、感謝とともに、尊敬に近い感情を覚えました。

そんな両親を見習って、さっそく私流のもの離れを始める決心をしました。

私のもの離れ練習・3つのルール

①一日、一つ。ものを減らします

はかない靴、着古した衣類、壊れたものなど、意識的に処分します。
最近は、二つ以上になり、加速しています。

②大切にしているものの行き先を考える

今使っているので手放せないけれど、捨てたくないものをあげる相手を決めておく。
ちなみに、私のマイセンの食器たちは、食器棚ごと、あげる相手が決まっています。

③人に喜ばれるものかどうか品定めをする

ほとんどのものは、他人にとってゴミ。人に喜ばれるものかどうかを見極める習慣を持ちましょう。

すでにお話ししたように、かれこれ、10年近くになりますが、最近は、「一日一つのものを減らす」ことが習慣になりました。
だから今は、コーヒーカップを一個割っても、嘆くのではなく「これで一つものが減らせる」と喜びます。

残り少ない（？）人生の日々を考えれば、ものがなくなって落ち込むより、その分思い出として心に残すことの方が大事ではありませんか？

食器や家具など、今すぐ手放せないものは、あげる人に確認してすでに行き先を決めています。

行き先が決まっているものたちとの暮らしは、大切でいとおしく充実します。

むやみに人にものをあげない

ものを処分するのに、一般的な方法。

それは、親類や子供、他人など人にあげることです。

しかし、もらった人は本当に喜んでいるでしょうか。

ある報告でも、人から使い古しのものをもらったとき、もらった人の90％以上は、「厄介なゴミ」と思い、うれしくないそうです。

それを知ったとき、私はかなり現実に引き戻されました。

最近は、自分で買うもの以外、古いものは、換金できるか必要なモノ以外要らない人が多いのです。

友人が、大量の古いノンブランドバッグを大学生の姪《めい》に「使う?」と渡そうとしたら、「ヴィトンのバッグなら欲しい」と言われてしまったそうです。

なるほど、バッグなど人の目に触れるものは、人気のブランドなら擦り切れるほど古くても欲しいけど、ブランド物でなければ、どんなに質が良くても、タダでも要らないのです。

だから、リサイクルショップに持っていったり、処分した方が、気が楽かもしれません。

私の母は、父を亡くしたころから、もの離れを加速させていきました。

お世話になった親戚や知り合いに、宝石や毛皮を、必要なものだけを残して、見るからに誰もが欲しがるような高価なものから手放していきました。

人にものをあげるときには、他人はもちろんのこと、娘の私にさえ、相手が本当に欲しがっているかどうか確かめてからにしていました。

もらった人に本当に喜んでもらいたい。こんな温かい気持ちで、大事なものを譲りたかったのかもしれません。

今あなたが持っているものは、人に譲れるか、捨てるか。

よく考えることです。

これは時間をかけて日ごろから考える練習をしておかないと、なかなか一朝一夕にはできません。

なぜ、必要でないものを処分できないのでしょう？

買ったときに高かったからとか、くれた人に申し訳ない気持ちがあるとか、いつか使うことがあるかもしれないとか、子供や孫に残そうと思っているとか……。

50代以降、今必要でないものは「いつか使う」は90％ありません。

私は、ここにあげた理由が一つでも当てはまるものは、思い切って処分します。

人生の後半をものに埋もれて生きないためにも、これくらいきっぱりした潔《いさぎよ》さが大切だと思っています。

今「必要なもの」と、「心が期待するもの」は、はっきり分けて考えるようにしています。

私は、ものを増やさないために、ものは所有するだけではなく、利用して初めて価値が出ることを何度も自分に言い聞かせています。

持っているだけで満足しても、箪笥の肥やしになるだけで、モノにも自分にも幸せは訪れません。

何事にも無知な若いときならいざ知らず、50代の大山を越えれば、これまでの経験で、自分に必要なものかそうでないものかは、はっきりと識別できるはずです。

たまには好きでどうしても手放せないものがあるにしても、利用価値のあるものに囲まれる生活が最高のシンプルライフなのです。

どうしても別れがたいもの

そうはいっても、現在の私にはどうしても捨てきれないものもいくつかあります。

それは、外国暮らしでいただいたり、買ったりしたかわいいテディ・ベアたち。

長い間クローゼットの奥にしまいこんでいたのですが、昨年のクリスマスに、ツリーの前に全員集合させて飾りました。

一度は、処分したり、友人や知人のお子さんやお孫さんに差し上げようと決めたのですが、心がなんとなく許さないのです。

そんなときは無理して切り離したりしないのがものとの私流の付き合いかた。少し時間の流れに任せることにしたのです。

今は、寝室の小さなテーブルの上に飾っています。

さすがに全員集合というわけにはいかないので、「今度は、あなたよ」と、一匹ずつ1週間ごとに箱から取り出して飾ります。

そして、きれいにホコリを払って、顔も拭いてやります。

テディ・ベアたちの顔が明るく笑っているように見えるのは、気のせいでしょうか。

やがて来る彼らとの決別の日まで、少しずつ〝お別れのカウントダウン〟をしています。

衣類は一つ買ったら、二つ処分

私は、数年前から、服は一つ買ったら、二つ処分することにしています。

それまでは、一つ買えば、一つを処分するルールでしたが、処分する数を少しずつ増やすことにしたのです。

持ち物の中で、圧倒的に衣類が多いので、衣類の引き算を加速させることにしました。

持っているスーツやブレザー、スカート類のほとんどは、セーター以外、老後は役に立ちそうもないものばかり。

スーツばかり着て70代や80代を過ごすのも窮屈だし。

そうはいっても、仕事を持っている身には、今すぐすべてをすっきり処分することはできません。

やがて来る老後は目の前なのに、その道はまだまだ先のように思いたいことも事実なのです。

今の私にものの切り離しが無理なくできるのは、結局一つか二つずつという結論です。

それも今できる〝洋服の引き算〟からスタートです。

50代の洋服の「いつか」は90%ありません！

誰が見ても似合わない派手な赤いブランド物のスーツを「いつかは着るかもしれない」と持ち続ける愚かな自分に気が付かなければいけない年代です、50代は。

「高かったから」捨てられないだけで、今はとてもじゃないけど着られないことはわかっていながら、「いつか」の思いにとらわれているのです。

はっきり言って、「今」ダメなら、「いつか」は90％以上の確率でめぐってきません。

そのことをきっぱり自分に言い聞かせ、思い切って処分してしまいましょう。

どんなに高額だったとしても、現在利用価値ゼロのゴミ同然のものを収納するほど人生にムダなことはありません。

紙袋は、便利な一時避難所

衣類や雑貨は、「要らない」と決めたら、すぐ紙袋に入れるようにしている。

そのための紙袋は、すぐ使えるようにクローゼットの隅に置いています。

捨てるにしても処分するにしても人に譲るにしても、「要らない」と思った瞬間、まずはポンポンと紙袋に投げ入れておく。

こうでもしないと、「まだ使える」「高かったのに」「もったいない」などの未練や執着が捨てられないのです。

それでもときどき、紙袋の底に沈んでいるTシャツを何かのきっかけに思い出し、「ああ捨てなくてよかった」と安堵《あんど》することがある。

「要る、要らない」、の判断は、そのときの精神状態や経済状態にも影響されることがありそうです。

人生は、時計の針のように刻々と変化します。

まだ使えるものを、いきなりエイヤッと処分すれば、そのほとんどはあとで悔やむことが多い。

だから、ものにも、一時避難する場所、シェルターは必要かもしれない。「惜しかったなあ」といつまでもイジイジと後悔しないための〝精神安定剤〟の役割を果たしてくれるのです。

ただし、要らないものの一時預かりも、置く場所をとって邪魔になるので、紙袋の数は2枚までと決めています。

離れがたい衣類との「お別れの儀式」

「簞笥の中の洋服やセーターなどの衣類は、夫や子供のものは処分できても自分のものはなかなかもったいなくて。どうしたらいいでしょうか」

よくこんな質問を受けます。

ほとんどが50代以上の女性からで、その数は70代でピークになります。

ご主人はじめ家族や他人のものなら簡単に処分できるのに、なぜ？

相手がロボットなら「あなた自身の決意次第です！」と、ポンとボタンを押せば解決するのですが、女性の場合、そうは問屋がおろしません。

これまでの人生のなかで、洋服にはそれぞれの思い入れや思い出が混じっているのですから。

そこで提案。どうしても手放したくないものから、着せ替え人形ごっこをしてみるのです。

衣類との自然体のお別れゲームです。

ある日、なかなか衣類と決別できない自分に悩んでいたときのこと。

子供のころの着せ替え人形ごっこを思い出したのです。

ものが少ないころでしたから、立派なものではなく、子供用雑誌の付録についている紙人形のお姉さんに、紙に描かれたカラフルな洋服や下着を切り抜いて着せるのです。

シンプルで夢があり、女の子なら誰でも夢中になれるおままごとです。

付録についているだけの洋服では満足できず、自分で紙に描いたものを切り抜き、自作の洋服を着せたりしたものです。

大人になった今、あり余るほどの本物の洋服があふれています！

子供のころの憧れのお洋服が、今では箪笥の肥やしやゴミになって……。

そこで、思いついたのが自分のためのファッションショー。

これなら、楽しみながら、似合わないもの、時代遅れのものとの決別が少しでもできそうです。

私の場合、1時間くらいのショーの終わりには、2、3枚の洋服やセーターが自然に〝引き算〟されています。

収納スペースは〝適正在庫率〟70%

出かける前、あなたが必要なものを取り出そうとすると、もの入れに、満員電車のようにぎゅうぎゅうにものが詰まっていたら。

お目当てのものも見つからないし、心がイライラして、せっかくの「これからやるぞ!」という気がしぼんでしまうことがありませんか。

もし、必要なときに、必要なものがスムーズに取り出せることができたら。こんな安らかな暮らしは、憧れではなく、現実にできるのです。

〝適正在庫率〟は、必要なときに、必要な分、使えるという経済用語です。

この考えを取り入れてみませんか。

クローゼットの衣類は70%収納。

片手で一方に集めると、大体3割程度の空きスペースができます。

ハンガーにかけて吊るして収納している洋服の間に2~3センチの隙間《すきま》ができるのが

理想です。

こうすれば、何がどれだけあるかが一目瞭然《いちもくりょうぜん》です。どれを選ぶかに迷うことがなく、風通しがよく、衣類が長持ちします。

どこから手を付けていいかわからなくなったら

ものを少なくすれば、どれだけ心も体も軽くなり、毎日の生活が楽しく快適になるでしょう。

わかっているけど、どうしてもその気になれない人は多いものです。

ものが多くて、どこから手を付けたらいいのか。

考えれば考えるほど頭は混乱し、何度も、クローゼットや押入れを覗《のぞ》いては、「フーッ」と深いため息をつく。

心も体も重くなる、こんな毎日を送っていませんか。

私の周りにもそんな50代、60代の知人友人がなんと多いことでしょう。

「明日がある」と引き延ばしても、今時間がなくてできないなら、明日も時間は作れないでしょう。

自分からものを引き算する作業を引き延ばし、「いいよ」と甘やかすための違う理由がまた出てきます。

さらに、引き延ばすだけ、あなたにはストレスが加算されます。

ものの引き算、整理整頓は今すぐ始めること。思い立ったが吉日。

どんな人でも、短時間にできる場所を紹介しましょう。

冷蔵庫のデトックス

冷蔵庫は、その家の胃袋。中を覗けば食生活はもちろん、すべてのライフスタイルが隠されている場所。

しかもいつもきれいを保つことが大切な（そして、難しい！）場所。

食品の整理整頓と管理をしながら、冷蔵庫内のそうじも一度にできるので、結果が早く出、大いにやる気も出てきます。

これからの冷蔵庫の適正在庫率は70％以下

冷蔵庫も、収納の適正在庫率70％を守りましょう。

庫内に入れる食材や食品の目安は、私の場合、生ものは2～3日で、そのほかは1週間くらいで食べきれる量にしています。

これまでは、本などでも70％の在庫率が理想とお話ししてきましたが、50代を過ぎたころから70％以下に減らして、60代の今は、大体60％以下に中身を減らしています。

いずれ小型の冷蔵庫に買い替えたいのですが、客人が多い今は、これまで使い続けてきた大型サイズにもう少し頑張ってもらおうと思っています。

適正な在庫率を守ることは、消費電力の節約になります。

また、3割以上の空きスペースがあれば、奥まで庫内が一目で見渡せるので、何がどれだけあるかがわかり、ムダな買い物をしなくてすみます。

庫内のそうじも簡単。わざわざ食材を外に出さなくても、右や左にまとめながら拭きそうじができます。

食べきれない食材を腐らせることもなく、食べ過ぎも防ぐことができそうです。いいことずくめですね。

上手な食材のお買い物

冷蔵庫を過信することなく、口に入れるものはできるだけ新鮮なものにするよう心がけています。このことで、自然と買い物スタイルも変化してきました。

野菜中心の我が家の食卓ですが、いくら安くても「山盛りいくら」では選ばないことにしています。

野菜などの生鮮食品は、1週間以内に使い切れる量のみ買うと決めています。キャベツや大根も半分ずつ、キュウリやトマトも一つずつ新鮮なものを吟味して選びます。お漬物も、手間暇かかるぬかみそ漬けをやめ、小さな容器で粕漬《かす》けするようになってから、一度に多くの野菜は要らなくなりました。

週末のランチは、在庫整理を兼ね、残り物でメニューを考えます。

冷蔵庫の扉、意識して開けていますか？

食材の在庫管理の習慣は、バランスのとれた食生活のためにも必要です。好きだからと、同じようなもので食材が偏っていないかどうかがわかるからです。

私は、出かける前には必ず冷蔵庫の中をチェックします。「牛乳は？　調味料は？　野菜は？」などなど、不足している食材を目でチェックし、外へ出たついでに買い足します。

家で、冷蔵庫から必要なものを取り出したときにも、冷蔵庫の中身の確認をするようにします。

ついでに、汚れもチェック。ついていたら、タオルでさっとひとなで。

野菜の上手な収納

野菜は、形がそれぞれ違うので、庫内の収納にムダが多いもの。

まず、包装やパックは、スーパーやデパ地下など、買った場所で〝引き算〟。トレイから取り出して、ポリ袋に入れ替えれば、持ち運びに便利です。

冷蔵庫の中でもかさばりませんし、においもしません。

ホウレンソウや小松菜などの葉もの野菜は、新鮮なうちにお湯でさっと洗って新聞紙で包み、冷蔵庫に入れ、2~3日で使いきります。

お湯で洗うと余分な汚れが取れ、新鮮度も増します。

これは農家出身の父からの教え。

ブロッコリーや人参など生で使う野菜以外は、ゆでるなどの下ごしらえをし、透明の容器に入れて保存します。

庫内もすっきり片付き、中身も見えるので、必要なときに取り出しやすいのです。

食材以外も、とことん使いきる

先日、『昭和の暮らし展』に出かけました。

そこで見たもの。２種類の木綿の布でパッチワークのように手作りされた幼い子供の着物。着古され、擦り切れていましたが、いとしい子供の無事を祈りながらお母さんが丹念に夜なべ仕事をする姿が目に浮かぶようでした。

古くなった自分の木綿の着物や浴衣《ゆかた》をつなぎ合わせて再利用した着物。

日本人のものを大切にする心を手作りで表した芸術品のようでした。

子供が着古した着物は、雑巾《ぞうきん》にして、ぼろぼろになるまで使ったようで、今ではほとんど残っていないそうです。

小学校に入学したばかりのころ、父は朝早く起きて、私の鉛筆を削るのが日課でした。

セルロイドの筆箱を開けると、5本ほどの鉛筆と赤の色鉛筆、消しゴム、それに、短くなった鉛筆を使いやすくするキャップが、いつもきちんと勢揃いしていました。丸くなった鉛筆の芯《しん》は、父の手できれいに削られています。

まるで、「今日もよく勉強してね」と言わんばかりに。

鉛筆は日に日に短くなり、キャップをはめて使っていましたが、それでも3センチくらいになり、短くて使えなくなったとき。

父は、短くなった鉛筆のお尻どうしをくっつけ、両端が使えるようにしてくれました。面白いのは、赤い色鉛筆と普通の鉛筆を組み合わせてくれたこと。

今思えば、これは、両方を同時に使えて便利という、父の発想だったようです。

昔の人の生活には、そういった工夫が隅々まで行き届いていました。

お鍋やお茶碗にこびりついたご飯粒も、母たちが洗濯機の普及前、洗濯用の糊《のり》に使っていたのを思い出します。

残りご飯と水でお湯を沸かしながらふきんを入れると、真っ白になるのです。殺菌もされ、ふきんもパリッとして、口の中に入れても肌にも安心な糊です。

この10年間で、お米を食べる量が、いつのまにか、ずいぶん減りました。白いご飯が大好きな私なのに、せいぜい朝食でお茶碗半分くらい。これが一日の量です。

残りご飯は、一人分ずつラップに包み、冷凍にしたりします。ときおり、母のことを思い出しながら、ふきんを煮ています。

食器は、兼用できるものを基本に

実は、30代のころの私は、食器を集めるのが大好きで、「いいな」と思うものは買ってしまう、愚かな消費者でした。

おかげで、食器棚には洋食器、和食器がごろごろと、統一感もなく詰め込まれている状態でした。

今思えば、食器たちが狭い台所で悲鳴を上げていたかもしれません。

かつて、家具付きのイギリスの家に住むことが決まったとき、食器はほとんど人にあげ、ご飯茶碗とお椀、そして湯呑《ゆのみ》と急須のみにダイエットしてしまいました。

イギリスでの生活は、食器も家具も定番、定量の備え付き。

食器は、もちろん洋食器のみですから、ご飯やお汁は、小さなサラダボウルを兼用したりしなければなりません。ところが、それでも少しも困らないことに気が付き、かえっていろいろなものに兼用する工夫が楽しく、毎日の生活が充実していました。

その後、ドイツに住むことになり、生活に必要な食器をそろえることになったのですが、そこで私は考えました。

和食にも兼用できる食器にすれば、日本に帰っても使える。

そう思い、ドイツの伝統的な陶器、マイセンに決めたのはいいのですが、びっくりするような値段です。

考えたのが、お金を貯め、月に一個ずつ買い集めることでした。

あれから30年近くたった今。

食器は、萩焼《はぎ》とマイセンのみ。普段使いとおもてなし用とに兼用しているので、食器の数は、これまでの3分の1に減りました。

そして今後は、これらの食器を使いながら、二人暮らし、独り暮らしを想定した食器のダイエットを考えています。

独り暮らしの食器

①和洋食器（直径25センチのお皿と21センチのお皿2枚）

熱いものを上に載せたお皿と2枚重ねてだしても一人の食事が華やぎます。大きいお皿に2種類以上のおかずを載せれば、しゃれたワンプレートランチです。

②シリアルボウル（直径15センチくらいを3個）

スープやオートミールを飲むものですが、私は、イギリスやドイツの暮らしで味噌汁《みそしる》を飲むのに重宝しました。

味噌汁のお椀が別にあれば、サラダボウルに使ってもいいかも。

③コーヒーカップ&ソーサー（3客）

ゲスト用に、3客は最低欲しいところです。

一人用は、マグカップがあればいいのですが、たまには豪華なコーヒーカップでお茶するのもいいものです。

④ゴブレット（2個）

2個あれば水用とワイン用に同時に使えます。

ワインにこだわるなら、ワイングラスを2個追加です。

⑤スプーン（大小それぞれ3個）

大きいものはカレーやシチュー用、小さいのはコーヒーや紅茶などの飲み物用やデザート用に。

⑥My《マイ》お箸《はし》（1膳）

こだわりの自分用のお箸を決めておきます。

これまでの私のつたない経験からも、食器はできるだけ少ない方が、いろいろと兼用したり工夫したりする夢が生まれて楽しくなります。

人によって、食器の好みやこだわりの数がありますが、このように、自分なりの一人用の食器想定ゲームは、ものはなくても暮らしが豊かになります。

イギリスやドイツでは洋食器を和食に使ったり、一つのお皿を兼用する工夫を学び、楽しみました。

調理道具も、たとえば深いフライパンは、一つあれば肉を焼いたり、オムレツを作ったり、パンケーキ、チャーハンなど何でも兼用できます。

お腹が空いていると頭が冴え、満腹状態だと何も考えたくなくなり眠くなりませんか。

ものもできるだけ少ない方が、暮らしの面白いアイデアや工夫が生まれます。

紙ものは気前よく捨てます

情報は秒速で新しくなり、若い人は新聞や本よりも、ネットの方が速くて便利だといいます。

そうはいっても、活字から離れられない私は、なるべく紙が山にならないよう気を付けています。

書類は未処理のもの、進行中のものは、案件ごとにクリアファイルに入れ、保存しておきます。ある仕事が終わったら、それらに関する資料やファイルは、もう一度読んでから捨ててしまいます。

新聞や週刊誌は読んだら大きな紙袋に入れ、1週間ごとの資源ゴミの日にそのまま袋ごと出します。

新聞は4紙、週刊誌は2誌のみと決めていますが、1週間でもかなりの量です。

読みたい本も本屋さんでまず立ち読みし、それから購入するかどうかを決めます。

好きな外国のサスペンスは文庫中心。読み終えたら、すぐ処分します。ですから、在庫は、現在読んでいる一冊だけになります。

新聞や雑誌や本などが積み重なっていると、「読まなくては」という重い気持ちになってしまいますから。

読みたい本が一冊、いつも自分のそばにある。

これが、私の老後も使える読書スタイルです。

古い思い出から順に

私の現在の写真の在庫は、30センチ四方の段ボール箱一つ。

これから10年かけて小さなファイル一冊にしてしまう予定です。

数々の思い出は、写真ではなく心の中にとどめ、貯めるものだと思うようになりました。
古くなったら、思い出別、年代別に一枚ずつ残し、あとはすべて処分しています。

捨てるものは決めておく

毎日の暮らしの中で捨てるものを、はっきり決めておくと迷いがありません。
私は、こんなふうに決めています。

・デパートのチラシは、1週間。旅のチラシは6カ月
・通販のカタログは見終えたらすぐ
・2年前のクリスマスカードと年賀状
・去年のカレンダー
・使っていない電気製品、パソコンなどの使用説明書
・期限切れの保証書

50代から身につけたい、整理整頓のルール

ものを減らして一時的にお部屋がきれいになっても、それがいつも維持されるためには、あなたの頭の中の知識ではなく、行動のルールが重要です。

私が実行しているルールをご紹介すると、

①何かを取り出したら、もとにもどします
②扉や引き出しを開けたら、必ず閉めます
③何かを落としたら、必ず拾います
④ボタン付けや自分でやる簡単な修理などは、1週間以内に

この4つのルールを、あなたの手や体が自然に動くようになるまで何度も繰り返すことが大切です。

ものは最初に使う場所にしまう

私の書いた本を読んだ、読者の方々からの質問も最近の楽しみのひとつです。

多くのメールやお便りの中には、「本の中のきれいな部屋の写真のどこを探してもそうじ道具が見つかりませんが……」という現実的な（！）質問が届くことがあります。

きっと、日々の暮らしのあれこれを想像しながら私の本を熱心に読んで（見つめて）くださっているのでしょう。


たしかに、部屋をきれいにするには道具が必要ですね。

私の場合、そのほとんどが手とタオルですが。

そのタオルの置き場所はあります。

すぐ手が届き使えるところ、たとえばキッチンなら食卓の椅子の脇に、流し台の隅には小さめのタオルが〝ひっそり〟と目につかないところに掛けてあります。

すべてのものは、〝最初に使う〟ところに置く。これが基本です。

思いついたらすぐ使えるよう、最初に使うところ、あるいはその近くに置くこと。

これこそ、家事嫌いでも〝そうじ上手、暮らし上手〟になるための極意。

このルールは、動き回る場所も回数も少ないので、すぐ作業ができ、労力も気力も余分なエネルギーがかからずに済みます。

さらに、一定の場所を使うので余分な片付けや汚れから解放されます。

ものを使う、しまうは、ひとつの動作で

年を重ねると、食べる量や料理の内容にも少しずつ変化が起こり、使う食器や調理器具の数や種類も少なく限られてきます。

とくにキッチン仕事は、これまで通りではなく、疲れないための、ムダな動作をしない工夫が重要になってきます。

私の場合、なにかを使ったり取り出したりするときは、必ず一回の連続動作でやることを意識しています。

キッチンに立って、冷蔵庫や戸棚を開け、ものを取り出し、調理する。できるだけひとつの連続した動作で流れるようにやります。

そのためにキッチンなどでよく使うものは、見えるところ、手が届きやすくワンタッチで取り出せる場所にしまっています。

お鍋やフライパンを取り出すとき、周りのものをどけたりする余分な時間や労力を使いたくないからです。

冷蔵庫内の食材も、よく使うものは手前にすぐ取り出せるように並べています。手を伸ばせばそこにあり、そのまま使ったり、しまったりできる。

まるでひと昔前の男性がのぞむ（今でも？）理想の妻のように、「おおーい、お茶」と口に出せば、いつでも「ハ～イ」とお茶を運んでくれるみたいな。

この〝ルール〟は、いつも使うものには、動きやすく気持ちも体もラクです。

動作の回数が多いほど、知らず知らずに体も心も疲れ、自分でやるのが嫌になるものです。


〝考えてから動く〟、〝すぐ取り出せ、しまえる〟、〝動作はいつも一回で〟。

そのためには、ものの配置やしまう場所にも気を配ること。

いつまでも楽しくラクに、時間や体力の余分なエネルギーを使わず、美味しい食事をつくり、味わいたいために。

ひとまとめにする

引き出しや道具箱の中の必要な〝ガラクタ〟はひとまとめにする。

ガラクタと言っても、メモ用紙、クリップ、鉛筆、サインペン、消しゴム、安全ピンなどで仕事に必要なものばかりですが、放置すれば、引き出しの中の流浪《るろう》の民となってあちこちに散らばって収拾がつかなくなり、いざ片付けるとなると数時間もかかってしまう。

それぞれ同じ仲間を輪ゴムでひとまとめにし、安全ピンやクリップなどは小さな箱にまとめて入れておく。

こうすれば、必要なものが探しやすく、引き出しの中がすっきり整理整頓され、見た目も美しく気持ちがいい。

一本だけで単独行動しているはさみやホッチキスなどもあるが、他はひとまとめにしてあるので、かえってその存在がわかりやすくなります。

数が増え、ひとまとめにできなくなったら、それ以上は要らないので古いものから順に処分していく。

ひとまとめにしておくと、〝異邦人〟や〝場違いのもの〟は目立つので、片付けたり、処分したり、元の場所に戻すこともできやすいのです。

買い物6つのルール

ものの引き算をしても、その分無計画にものが増えていっては元も子もありません。
そこで、私なりの買い物のルールを決めています。

①鮮度が必要な生鮮食料品は、その日に食べる分を買う
②保存の利《き》く調味料や日用雑貨は、数を決め、半分なくなったら買い足す
③安いからという理由で買わない
④必要なものかどうか自問自答する
⑤無料の景品やサンプルには手を出さない
⑥靴や下着類はどれを捨てるかを決めてから買う

「定位置・定番・定量」を守り、これを実践すれば、家が気に入らないものであふれることはもうありません。

ものは引き算　すっきりと心地よい暮らしのルール

3章

追われない家事

少しの手間で生活が変わる！

これもあれもやらなくては！

こんな考えはできるだけ早く捨てましょう。

老年は体力も気力も限りがありますから。

しかし、若いときはやらなくてもよかったものが、年を重ねると必要になってくることがあります。

仕事オンリーで、夜はただ寝に帰るだけのライフスタイルのときは、少々乱雑で汚れた部屋でも気になりません。

ところが、年を重ねて仕事も体力も少なくなり家にいる時間が長くなると、これまで気づかなかった部屋の汚れや乱れが急に気になり始める。

汚れた空間は、心身をいつのまにか負の方向へと蝕《むしば》んでしまいます。

いざ、「きれいにしたい！」とやみくもに動き始めてもなかなかすっきりしない。

かえって「ああ、しんど」と途中下車、何もかも未完成交響曲になり、張り付いた頑固な汚れにイライラが募り、ストレスが溜まって心身が疲弊《ひへい》してしまうのです。

そうならないためには――。

これまで家事にかけていた時間も体力も2分の1くらいにし、自分に合った、自分のためになるようなきちんとした家事習慣を身につけることです。

そうすれば、家事へのイライラも2分の1以下になります。

まず、肩の力を抜いて、楽しく暮らす自分を想像してみてください。

やることは、やる場所は同じでも、内容や方法を上手に〝わり算〟し、効率的で楽しい知恵を〝かけ算〟し、膨《ふく》らましていくのです。

この手間こそ、「ああ年甲斐《としがい》がある！」と心から実感できるはず。

考えてから動く

これまでは、私はどちらかというと〝考えながら動く〟タイプでした。どちらに転ぶかわからないそうじのベンチャービジネスを始めたものの、毎日が自分や社会との闘いの日々。

立ち止まることも許されず、右か左か、どうするかを決断しながら前へ進んでいかなければならない日々の連続。

頭で考えてから体を動かそう、なんて悠長《ゆうちょう》なことは許されないほど日々新しいことばかり。

ビジネスの世界では、「考え、計画を立てるのは大事。でも、そのために立ち止まっていれば、仕事が終わってしまう」と、未熟な私はいつも何かに背中を急《せ》き立てられていたのです。

先人のつくった道すらない、「そうじ」というベンチャービジネスに戸惑い、「何とかしたい」と焦っていたのかもしれません。

行動心理学の専門家によると、考える前に体を動かしても、本来できる仕事の50％くらいしか達成できないそうです。

たしかに、パンやお菓子をつくるとき、あらかじめ、使った道具をすぐ洗えるようにシンクにお湯を張っておくと、汚れも簡単に取れ、とても効率的。

それがわかっていながら、準備もそこそこ、すぐ料理に取りかかり、その結果、汚れた道具で混乱したキッチンに気づき後悔することがありませんか。

〝急いてはことを仕損じる〟のです。

たった1分の事前の準備を惜しんだばかりに、かえって料理後、ムダな時間や労力が費やされ、後片付けのエネルギーで心身の疲れが倍増し、途方に暮れてしまうのです。

挙句、面倒なパンやケーキづくりは「しばらく、やーめた」と。

慣れ親しんだ仕事や家事は、実は、何も考えないで惰性《だせい》や習慣でやっていることがほとんどです。

「なぜか」と考えることも理屈もなく、ただひとの真似《まね》や受け売りだったりがいつのまにか日々の生活習慣になっているのかもしれません。

母親がやっていたのを真似たキッチン仕事、実はその母親も彼女の母親の真似事かもしれない、ということもある。

年を重ねた今だからこそ、動く前にちょっと考えてみることも大切です。

マンネリ化を防いだり、新しい暮らしの知恵や工夫を発見できるかもしれません。

暮らしの知恵や工夫は、意外な時間や労力の〝わり算〟をもたらしてくれます。

1分から5分かけて考え計画し、準備する時間は、一見ムダに見えても、結果的には何時間もの労力の節約になるのです。

もちろん、家事に費やす時間や労力が短くなれば、体はもちろん気持ちも風船のように軽くなるに違いありません。

ロシアの文豪ドストエフスキーも語っています。

〝人生の後半を決めるのは、むかし身につけた習慣〟

今からでも遅くない。少しだけ考えて動けば、時間や労力を有効に使え、これまでのムダに費やしてきた人生を少しでも変えられます。

ただし、くれぐれも考え過ぎて億劫《おっくう》になり、動きが止まってしまわないように。

身の回りにかかる時間

あるときふと私は、テーブルを拭いたり、顔を洗ったりする生活行動にどれだけの時間がかかるか、あらためて知りたくなりました。

さっそくキッチンタイマーを使い、ふだん行なっている我が生活動作に、どれくらいの時間がかかるのか測ってみることにしたのです。

玄関の靴をそろえるのに10秒、洋服をハンガーに掛ける時間は40秒、食卓を拭くのは、なんと20秒。お湯が沸いたあとのケトルをさっと拭く時間は10秒以内。

このように毎日の生活行動にかかる時間は、ほとんど秒単位。その積み重ねで生活が成り立っているのです。

こんなに時間がかからないのなら、洋服を脱いだらホコリを払ってすぐハンガーに掛けておきたくなります。あとでわざわざ手入れをする手間も要らず、部屋はいつもきちんと片付きますし、必要なときにすぐ取り出せます。

〝ものの住所〟を決め、使った道具は必ず元の場所に戻すのに、ほとんどが1分以内、時間はかかりません。

この秒単位の生活行動を知ることで、やる気が起こり、時間の使い方がうまくなり、探し物にかける時間や手入れに要する時間が少なくなって心のイライラがなくなり、それが快適な生活につながることを再認識したのです。

動作を意識してみる

どこの世界にも、同じ仕事なのに、さっさと手短に上手にやってのける人がいます。

そうじや家事サービスの現場でも同じことや同じ場所を仕上げるのにも人によってかかる時間が違う。

これは、そうじのビジネスをスタートして経験した最大の壁であり、ビジネスの生死にかかわる大きな悩みでした。

家でやるそうじは、いくら時間がかかっても本人が疲れるだけ。きれいに仕上がらなくても誰からの文句もないのでかまいませんが、サービスとして提供するプロのそうじは違う。

限られた時間内でお客様に満足いただける〝きれい度〟を提供しなくてはクレームにつながってしまいます。

もちろん、会社は〝社会貢献型の企業〟と言いつつ、慈善事業でもボランティア団体でもなく、事務所の家賃も人件費もその他諸々をやりくりしなくてはなりません。適当に利益を生まなければやっていけない。

どうして効率的に上手に動ける人とそうでない人がいるのか。

誰もが同じように効率よく手際《てぎわ》のいい仕事をやれるようにしたい。

そうじマニュアルをつくりながら悩み続けた日々でした。

効率的に動く人は動きを意識し（本人は無意識かもしれませんが）自分の体の動きを考えながら効率的手順を工夫して作業をしているのです。

世の中は、動きを意識している人とそうでない人がいる。

気配りのできる人とそうでない人。

工夫をするのが好きな人と何も考えない人。

いろいろなタイプの人がいるのはわかるのですが、ビジネスとなると困ってしまう。

そこで。

出来上がったそうじのマニュアルの最初には、まず「いつも自分の動きを意識すること」と付け加えたのです。

自分の動作を意識すると、毎日の生活習慣にも変化が生まれます。

効率的に動けるよう、両手を使う大切さに目覚めます。

朝、歯磨きをしているときには、空いているもう一方の手で周りを拭く。

階段の上り下りにゴミを拾い、手すりの汚れを拭く。

届いたばかりの宅配便の荷解《にほど》きをしながら、包装紙や紐《ひも》を同時に捨てられるようまとめておく。

このように、日々の生活の中には、両手や知恵を使って効率的に動ける作業は探せば山ほどあります。

自分の行動を意識すれば、今までの2分の1以下の動作で同じ作業ができるのです。

もちろん、「きれいになった！」「うまくできた！」などの達成感や満足感も得られるはず。

時間を大切に、〝ながら家事〟のポイント

限りある時間を上手に使える〝ながら家事〟の長年の愛好者ですが、せいぜい、2か所同時進行くらいが、体もラクで丁寧にやれます。

お湯を沸かしながら、キッチンの床を拭いたり、使った後のレンジ台回りは余熱が残っているうちにきれいに拭いてしまいます。

冷蔵庫を開けたついでに、きれいなタオルで中と外側を拭きながら、食材の在庫状態をチェックし、出かけたついでの買い物の参考にします。

また、食材の残り物で作るメニューが頭に浮かぶこともあります。

書きものをするときは、必ず、ふだんできない煮物料理を作ります。

キッチンのそばの小さなテーブルでパソコンをたたきながら、筑前煮や肉じゃがを作ります。ときどき、鍋の中身を確認しながら動くので少しは運動不足の解消になるかな

と自己満足しています。
肉じゃがは、人参や玉ねぎを大きめにザクザク切って、肉としょうがを入れて炒《いた》めた鍋をコトコト煮るだけ。〝ながら〟なら、あらためて調理時間を取らなくても食卓が豊かになるので、考えただけでこころが楽しく、料理をしながらの仕事もはかどるようです。

朝、昨日はいた靴を簡単に磨いて収納しながら、玄関の履物をそろえたり、掃いたりします。ついでに玄関のドアを開放し、部屋のよどんだ空気を入れ替えてしまいます。

時間を大切にするこれらの〝ながら家事〟は、工夫次第では、まだまだ暮らしの何気ないところに転がっています。
さあ、今から、自分なりの〝ながら家事〟を見つけ、それらを習慣にし、楽しんでみませんか。

朝の1分家事

家事の初心者もベテランも、〝50代からの朝家事〟を始めてみませんか。

私は、40歳ごろから少しずつ、短時間の朝家事をやるようになりました。

今はすっかり朝家事が身について、以前に比べると朝も1時間くらい早起きになりましたが（歳のせい？）、朝家事の中身は変わらないので、その分ゆとりが出てきました。

この時間を使って、仕事が忙しくても散歩をしたり、新聞を読んだり、調べ物をしたりできるので、40代、50代に身につけた朝家事の習慣のありがたさを身に染みて感じています。


朝家事は、1分から始めるのがお勧めです。

起きたら、まず窓を開け、新鮮な空気を部屋に取り込みます。

部屋じゅうのよどんだ空気を追い払い、大きく太陽に向かって深呼吸をしながら背伸びをします。体が目覚め、「今日一日頑張る！」モードになります。

これも立派な〝1分朝家事〟。

1分でできることは、他にもたくさんあります。

布団をたたんだり、ベッドの周りを片付けながらシーツのシワを伸ばしたり。

気が向けば、ラジオ体操を聴きながら、リズミカルに床のゴミを拾い、着替えをしながら体を動かすのもいいでしょう。

短時間でできる朝家事は、毎日の朝の活動場所ならどこにでも見つけることができます。

〝朝の1分家事〟を探す日々も、また楽しからずや、です。

今日やること

私は見かけによらず、かなり大雑把《おおざっぱ》な性格。

職業柄、どうもきちんとした隙《すき》のない（！）性格のように見えるらしい。

夫からも、「雑できめ細かさがない」と言われ続け、〝だったら、キミはどうなの？〟と、いつも心で反論しつつ、〝でも、事実だから仕方ないかな……〟と現実を素直に受け止めることに。

ただ、〝雑で大雑把〟もいいことがある。

他人の欠点や細部にこだわらないから、どんな人とでもなんとかうまく我慢しながらやっていけるのですよ。


〝大雑把〟だから、立てた計画は生死にかかわらない以上、何が何でもやらなければいけないとは思っていない。

人生を楽しみながら、余裕を持って一日を過ごしたいのです。


だから、市販の細かいスケジュール表は苦手。

自分の生活リズムに合った小さな1枚の月別カレンダーと、最小サイズの大学ノートを愛用しています。

私の場合、すべてが大まかな方が物事や人生がうまく運ぶ。

予定表は週ごと、月別に書き込み、詳細メモは日記を兼ねた小さな大学ノートに書きます。

会議や会合、ランチやディナーなどは週ごとのカレンダーに書き込み、その横に必要な事項、人名、場所、修理や買い物など、仕事や日々の暮らしで忘れてはいけない事項などを付け加えます。

朝、ノートに食べたばかりの朝食メニューを書き込みながらスケジュール表を確認し、〝今日やること〟の優先順位を考えます。

〝今日やること〟は、大きくても小さくてもその日の大切な目標設定になる。

小さくても一日の目標があれば、その日を悠々楽しく過ごせます。

無計画、無目的に過ごせば、「次はどうする」の想いに駆られ、落ち着かず、人との約束も忘れて信頼を失ってしまうことになるかもしれません。

一日の〝今日やる〟予定がわかっていれば、ひとつの行動が終わり、その先に進む細かい手筈《てはず》も自然とつながってくるものです。

どんな計画も、〝今日やる〟予定を考える習慣を自分のものにしてしまえば、効率的に進む。


毎日の〝今日やること〟は、その日の〝旅のプラン〟によく似ています。

優れた旅行の計画は、目的地にラクに正確に到着でき、心のストレスを感じない楽しい旅の思い出となって残るように。

上質な暮らしのルール

私は、自分流に快適な暮らしを手に入れるために、必ず決めていることがあります。

それは４つの暮らしのルール。

①床に落ちているものは、必ず拾う

これは出かけるときも帰宅したときも、見つけたら必ず手が動くようになるまで習慣にしてしまう。

部屋を移動するときはもちろん。

どんなゴミも見つけたら必ず拾い上げ始末する。

②洗濯ものや食後の片付けはすぐ、こまめにやる

ホームパーティで汚れた食器類は、どんなに疲れていても明日まで延ばさず、きれいに片付けてしまう。

そのために、大人数の場合、その都度汚れた食器は下げ、食材の残りはこまめに処理、できるだけ洗い物が少なくて済む工夫をする。

③トイレや浴室などの水回りのそうじは、使ったらその都度きれいにする

水回りは、いつどんなときもピカピカを目標にする。

基本は、不意の来客に「おトイレ拝借」と言われてもあわてないこと。

④いつも清潔で整理整頓された美しい玄関を心がける

きれいな玄関は、住む人の教養と幸せのバロメーター。

自分や家族の心を穏やかにし、突然の来客もあわてず恥じず堂々と迎えられる。

靴がきちんとそろえられた美しい玄関はどんな〝泥棒〟もなんとなく訪問しづらいものです。

マンションや戸建て、家の大きさや形、家族の人数にかかわらず、初歩的な暮らしの基本ルールを身につけて習慣にしてしまうこと。

この暮らしの習慣に費やす時間や労力は、これから重ねる年に応じて、少しは〝わり算〟されるかもしれませんが、内容は変わらないでしょう。

手間をかけずに、豊かな食生活

いくら料理をするのが好きでも、キッチンにこもりきりは気分も体も疲れます。

といっても、手作りの美味しい食卓は心も豊かになるので、自分で料理をするのは回数を少なくしても手放せない。

それに少人数の家族なので、まとめ買いした食材をムダにせず、何度も分けて使い切る知恵も楽しみたい。


なるべく食事は、2食分以上をまとめて作るようにしています。

貴重な料理の時間も2分の1になります。

冷蔵庫にシチューやカレーの材料を見つけたら、2食分つくり、残りの2分の1は冷凍して1週間後の献立に加える。

こうすると1食分の準備の時間で2食分が作れ、時間と労力が半分で済む。

しかも、安くまとめ買いした食材の鮮度が失われないうちに上手に使い切ることができ、未来の献立の心配も1食分減り安心です。


朝のキッチン仕事のとき、夕食の下ごしらえをします。

ホウレンソウやジャガイモをゆでたり、サラダ用のレタスを洗ってちぎり、野菜炒めの材料などは切っておく。

こうすれば、朝食の〝後片付け〟とNEXT（夕食）の〝準備〟が一度に並行してできてしまう。

「夕食は何を作ろうか」などと案じることなく、昼間は自分の時間や仕事に十分打ち込めます。

豊かな暮らしは、このような日々のちょっとした手間から生まれるのです。

暮らしを豊かにする手作り

私は、四季折々の生活を大切にしています。

どんなに忙しくても、この10年手放さない〝行事〟があります。

それは、「梅酒」と「らっきょう漬け」を作ること。

①梅酒

6月になると梅を手に入れ、洗った梅のヘタを一つ一つ丁寧に爪楊枝《つまようじ》の先で取ります。さすがにドイツ時代はお休みしましたが、かれこれ、30年以上のキャリアです。最近では、半年ほどで梅を取り出し、コトコト煮て、梅ジャムを作ります。書いているうちに生唾《なまつば》が出てくるほど、酸っぱくて美味しいの。パンにつけたり、疲れたときにそのままスプーンですくってサプリ代わりに、とても重宝する保存食です。

私の梅酒レシピは、梅1キロに砂糖200グラム。先のように下ごしらえした梅を殺菌した密閉容器に交互に入れ、上から焼酎1リットルを注ぎます。美味しさの決め手は新鮮な梅です。傷のないものを選びましょう。

②らっきょうの甘酢漬け

7月ごろ、スーパーやデパ地下でらっきょうが出回ったら、手に入れた大粒のらっきょう1キロの両端を切り、丁寧に洗いながら薄皮を取ります。

2〜3日塩水に漬け、あとは氷砂糖200グラムと黒酢1リットルに漬けます。

1カ月もすれば、しゃきしゃきしたらっきょうが食べごろです。

毎年作る量は変わりませんが、食べる量は減るので、その分おすそ分けすることが増えました。

美味しそうに食べてくださる人たちの顔を想像しながら、保存食作りはこれからも続けたいと思っています。

ちょっとした暮らしの楽しみ

平凡な毎日の暮らしでも、ちょっとした〝味付け〟を加えれば、フレッシュ感が出て、心がハッピーになります。

私は、老いてもそんな暮らしを演出し続ける〝名プロデューサー〟になりたいと思っています。

①キャンドルを楽しむ

ドイツから帰国して、我が家のテーブルにはキャンドルが登場しました。

ダイニングテーブルの上、リビングのサイドテーブルなど。

夜、天井の照明を暗くしてキャンドルを灯《とも》すと、いつもの料理が有名レストランでいただくディナーのように思えるほど。部屋の雰囲気もよくなり、おしゃれな気分になれます。

マンネリ化した夫婦の対話も少し弾むような気がしたり。

電気もわずかながら節約できそうで、また急な停電のときも助かります。

②男物のワイシャツの再利用

最近は、重ね着が流行っています。

よく見ると若者たちはほとんど重ね着を工夫して着こなしています。

そこで、先日の雑誌の取材で、古い男物のワイシャツの上に短めの黒いセーターを重ねて着てみました。

カメラマンの半田《はんだ》さんが「それって、かなりいけますね」と褒《ほ》めてくれました。

若者受けを狙ったつもりが、50代の彼に褒められるとはなんとなく複雑な心境でしたが。

コットン100%なので、肌触りも良く、お尻もすっぽり隠してくれるプルオーバーに変身です。

さらに、袖を取れば、洋服カバーにも使えます。

節約気分ではなく、ものを大切にしている温かい気持ちになります。

③引き出しに石鹸

いただきものの石鹸は、気を許すといつのまにか増えてしまいます。

私は、石鹸をペーパータオルに包み、表面に小さな穴を数か所開け、引き出しや靴箱に入れています。

好きな石鹸の香りが、扉や引き出しを開けたとき、ほのかに漂い、とてもいい感じです。

ハーブの香りなどは衣類の防虫効果もあります。

④キッチンガーデニング

キッチンの窓際で、私は、大根や人参、サツマイモ、三つ葉など野菜の付け根部分を水に浸し、簡単な水栽培をしています。

窓辺の緑の飾りに、薬味が少しほしいときなど、とても重宝します。

ミニ栽培ながら、植物が育つ姿を見ると疲れた心がホッとなごみます。

⑤切り花

部屋には造花でなく生花。

花の香りを楽しみたいので、鉢植えや切り花など、必ず生きた花を飾るようにしています。ゆりや水仙などは、ルームコロンも兼ねて。

花の部分が垂れ下がってしまったら、できるだけ茎を短く切り、サラダボウルなど浅いお皿に水を張って活《い》けます。

できるだけたくさん華やかに活けると、テーブルの周りが明るくなります。

短く切った分、水の吸い上げもよく、花も生き返ります。

食事の雰囲気を損ねないよう、テーブルフラワーは、色は淡く香りの少ないものを選びます。

⑥ 小さな竹ざる

2個あれば、トーストを載せたり、野菜や梅を干したり、来客用におしぼりを載せることもできます。

お皿として、揚げたてのてんぷらを載せたり豆腐の水切りにも使えます。

蓼科《たてしな》の小さなホテルで、とれたてのレタスやトマト、キュウリなどを「高原サラダ」として竹かごで出されたとき、「このアイデアいただきます！」と思わず叫んでしまいました。

もちろん、いつもの野菜が百倍にも美味しく新鮮に感じられました。

以来、我が家では、夏になると、新鮮な生野菜サラダは竹ざるに入れて「ぱりぱり」と美味しくいただきます。

⑦ 一か所にまとめて便利でおしゃれ

我が家の玄関には、陶器の小さな絵皿の上に、部屋の鍵、車の鍵などが一緒に集められています。

帰宅したり、出かけたりするときに必ず通る場所に鍵があると忘れません。きれいな外国土産《みやげ》の絵皿を使っていますが、陶器なので水で洗えてホコリも取れ、いつも清潔です。

暮らしの中で、何でもまとめる習慣を持つと、部屋の中がものから解放され、すっきりして、広く見えます。

⑧ガラスの小ビンのリユース

新宿のパークハイアット東京のホテルメイドのチョコレートペイストは大好きな常備品の一つ。少量なので、すぐビンが空になってしまいます。

空きビンはかわいいし、洒落《しゃれ》ているので捨てるのはもったいない気がします。

そこで、毎朝のドレッシングをシェイクするビンに使っています。

オリーブ油1、黒酢1、岩塩少々、こしょう少々の割合で混ぜ、ふたを閉めて、「シャカ、シャカ」と振ります。

数秒で美味しい自家製フレンチドレッシングが出来上がります。

また、自家製のジャムやらっきょうのおすそ分け用容器としても重宝します。

⑨ペットボトルのリユース

私の一人ご飯や友人との手軽なブランチは、パスタ料理が定番です。

したがって、乾燥スパゲティも我が家の保存食です。

空いたペットボトルの中に、スパゲティを入れ、保存しておくと、湿気も防げ、透明なので量も確認できます。

ボトルを傾けると、ちょうど一人分の量のスパゲティが出てきます。

人数に合わせて必要な量だけ調整しながら振り出せるので、とても便利。

⑩お家の中でMyバッグ

小さな布製のエコバッグに、パソコンの電源コードやペン、手帳、携帯電話などよく使うものを入れ、部屋から部屋へ移動するときに持ち歩きます。

必要なときに、どこにあるかがすぐわかるよう、椅子に掛けておきます。

いつでも、どこでも、必要なものがすぐ使えるように。

仕事をしているそばで、「ここにいるよ」と、Myバッグは、いつも友達のように私に語りかけてくれます。

ものに翻弄《ほんろう》されず、暮らしがとてもシンプルで軽やかで快適です。

⑪お茶を楽しむ

私は、コーヒーよりも紅茶党。

家でのティータイム、いろいろな工夫を加えて楽しんでいます。

ミントキャンデーを入れてミント・ティー。

熱い紅茶にマシュマロを浮かべれば、ウィンナー・ティー。

寒い日に、はちみつとしょうがを加えれば、体がポカポカして元気になります。

温めたオレンジジュースを紅茶に数滴たらすと、オレンジ・ティー。

リンゴを切って入れれば、アップル・ティーの出来上がりです。

まだまだありますが、このあたりで。あとはあなたのアイデアも加えてください。

考えるだけでも楽しい、こんなお茶の時間、いつまでも欠かさずに続けたいと思います。

料理はアイデアしだい

世の中はうまくいかないもの。

そうじは上手ですが、好きではありません。でも、料理は大好きです。

専業主婦の友人は、そうじは好きだけれど、料理は嫌い。「夕食のおかずを考えるだけで頭が痛くなる」そうです。

そうじは好きでも嫌いでも、上手になることを心がければ簡単に解決します。

では、料理好きになるには？

料理の魅力は、身近なもの、旬の野菜や果物、残り物など、ちょっとした工夫や知恵を使えば、自分も楽しく他人も喜ばすことができること。

毎日の食事作りに追われると、こころが疲れてしまいます。

嫌いでも好きでも、料理で自分が楽しくなれることを探すことです。

何事も〝求めよ、さらば与えられん！〟です。

ときどき、身近なものを使って食卓を飾ることを楽しみますが、手作りの工作や手芸に似ているような気がして、童心に戻り、遊んでいるような感覚になります。

竹の子の皮は、器にします。

初夏のころになると日本人なら誰でも食べたくなる竹の子。

「旬のものは必ず口にする」と決めていますので、忙しいときは水煮の竹の子、時間があってこころを遊ばせたいと思うときは、皮つきのものを買います。

皮つきの竹の子の、むいたあとどっさり出る皮を器にする楽しみがあるのです。

端に切れ目を入れ、二つになった端を重ねて爪楊枝でとめると、小舟のようにおしゃれな器に変身します。

サラダや酢のもの、てんぷらを盛ると、まるで洒落た小料理屋さんの雰囲気に。

ちらし寿司やおにぎりを載せたり、まだまだアイデアは広がりますので、自分でいろいろ工夫すると料理が少しずつ楽しくなりますよ。

4章

さりげないおしゃれ

清潔な大人のおしゃれ

何歳になっても、いつもシンプルで清潔なおしゃれを心がけたい。

日本人であることに誇りを持ち、季節感と少しの流行を取り入れる工夫も大切にします。

個人的には使ったばかりの石鹸の香りがいちばん好きですが、出かけるときは、お気に入りのオーデコロンを少量だけパンツやスカートの裾《すそ》につけることもあります。

着ている衣類が揺れ動くたびに、ほのかな〝残り香〟をその場に残すことも源氏物語のお姫様のようで、優雅ではありませんか。

香りだけではなく内面のおしゃれも心がける。

いつも、前向きに何事にも積極的に取り組み、身の回りへの気配りを意識し、毎日をていねいに過ごす。

これだけでも十分、心のおしゃれな装いと言えます。

直接他人の目に触れる洋服は、色も大切だが、素材の良さにこだわる。

最近は若者を中心に着るものの季節感があいまいになっていますが、昔から日本人は四季を大切にし、その季節に合った素材を身につけてきました。その心も大切にしていきたい。

着物も夏は単衣《ひとえ》、盛夏には絽《ろ》や紗《しゃ》を着て、見た目も着た感じも涼しく過ごし、冬は綿を入れて温かくして厳しい寒さをしのいだ。

暑い夏、麻やコットンのような素材は、汗を吸収してくれ、なんといっても肌触りがよく体にも心にも心地いい。

寒いときは、コットンとウールや絹などのような違う素材のものを重ね着すると身も心も温かく過ごせます。寒いときなど軽くておしゃれなダウンジャケットも便利で重宝します。

洋服を選ぶときは、できれば、天然素材を中心に選ぶようにしている。

１００％でなくても、化学繊維を含んだものでも、ウールやコットンが混じっているか表示を見て確認し、手の感触で肌触りをチェックする。

天然素材は、日本の気候風土にも合い、体にもやさしいので、着ると四季折々の自然を肌で感じられます。


仕事を持っているので、スーツの色は、黒やグレーが中心ですが、将来仕事を離れても、たまには洋画の中に出てくるようなシックなスーツと首元の真珠でばっちり決めた老婦人の品のある装いもしてみたい。

夏は白、秋はこげ茶色など、季節色のメリハリをつけ、見た目も自分も気分転換をする。

スーツのインナーには、若者向けファストファッションブランドのＨ＆ＭのＴシャツやＺＡＲＡのブラウスを選びます。

そのときどきの流行のデザインや色が、コーヒー2杯分の値段で楽しめるし、気持ちも若返り、30年以上前にタイムスリップしたようでワクワクします。

ドイツやイギリスに住んでいたころ、季節を問わず、朝晩の温度差に大判のスカーフやマフラーが1枚あれば夜も温かくて便利なことを知った。

今でも重宝しているのは、大判のカシミアやウールのスカーフ。

1枚あれば、急に寒くなってもあわてず、薄いブラウスやセーターの上から羽織ればエレガントでしかも温かい。

乗り物で移動するときもひざ掛けになって重宝します。

スワトウのハンカチ

いつのころからか、ハンカチを持つなら白、それもスワトウと決めるようになった。

買うときはかなり高額ですが、かれこれ20年以上使っているものが数枚あるので、とっくに〝減価償却〟しています。

スワトウのハンカチは、中国（汕頭《スワトウ》）からのお土産にいただいたものを使い始めたのが最初かもしれない。

そのシンプルで優雅な貴婦人のような手刺繍《ししゅう》に魅せられ、しかもどんな洋服にもどんな場面にも違和感なく、なんど洗っても手でシワを伸ばして陰干しすれば、アイロンなどの手間も要らず、いつも新品同様に使えるのが気に入った。

花や鳥など自然をモチーフにしたデザインも豊かで、手の込んだ手刺繍になるとかなり高額ですが、手入れのしやすいシンプルな模様で安価のものがおしゃれで実用的なのでお気に入り。

長年、いつも同じ種類のハンカチを〝一点張り〟のように使っていると、たまにはうれしいこともあります。

それとなく好みを知った知人や友人たちから汕頭のハンカチをプレゼントされるのです。

人が何気なく使うハンカチは、本人以上に他人が意識し、気にしているのかもしれません。特に女性の持つハンカチは。

手持ちはいつも数枚あれば十分ですが、大好きなスワトウのハンカチだけは〝定量オーバー〟でもいいかなと、ときどき眺めては自分を慰めている。

飾らない

最近は、じゃらじゃらしたアクセサリーが邪魔で余分に思えることがあります。つけるなら一か所と決め、重いイヤリングやネックレスは、肩も凝るし、できるだけ避けるようになりました。

年を重ねると、人より美しく見せようと過剰なアクセサリーを身につけるより、素朴で上質なものをさりげなく身につけ、あるがまま自然に暮らしたくなるようです。

洗顔や基礎化粧品には気を配りますが、お化粧はアイメイクとリップグロスが中心、仕事や戸外でのスポーツ以外、ファンデーションもほとんどつけなくなりました。

もともと化粧は、自然界のカラフルな色の花や鳥を真似て肌に色を塗ったのが始まりとも言われていますが、いつのまにか自然よりは人を意識したものになってしまったのです。

歳を重ねるごとに、わざと強く見せようとも、やさしく見せようとも思わず、あるがままの自分を、自然体で表現すればいいと思っています。

日々の行動も、当たり前のことを当たり前にこなすことを習慣にします。

今やるべきことをひたすらこころをこめ、余分なことを考えず淡々とこなす。

あるがままの自分を楽しむ方法を見つけるのです。


〝お湯を沸かして、美味しいお茶を淹《い》れて、ゆっくり味わう〟

着ているものはいつも清潔で手入れが行き届いた簡素なもの。

美味しい和菓子が一切れあり、きれいに片付いた部屋があればそれで十分です。


一日の終わり、無事に終わったことに感謝しつつ、よく磨かれたバスタブで、〝ああ、いい気持ち！〟とのびのび体を伸ばせば、こころが自然とほぐれます。

こんな一日が終われば、明日は、今日より、もっと素直なやさしい気持ちになれそうです。

手入れは自分で

できるだけ自分の衣類は、機械やプロに任せず、自分で手入れをすることにしています。いつも小ざっぱりしたものを身につけるためには、自分でできる簡単な日々の手入れは欠かせません。

コートは、家に帰ったら、玄関でさっとホコリを払い、脱いだらすぐ、ブラシをかけておきます。たたいてホコリを浮かせながらブラッシングをします。

シワを見つけたら、軽く濡れたタオルで拭きます。

あとは、風通しの良いところで、ハンガーに掛け、まる一日乾かします。

気に入って何年も愛用している暖かいセーター。

アクリルとウールの混紡《こんぼう》なので、気が付けば、身ごろや袖口に毛玉がびっしり付いています。袖のひじ側、腰回りがとくに目立ちます。

もちろん、手で洗うときも洗濯機を使うときも裏側にしてネットに入れるのですが、気に入って何度も着るのでどうしても毛玉ができてしまうのです。
こんなときは、古歯ブラシや軽石でこするときれいに取れます。

カシミヤやウールのセーターは3回着れば、やさしく手洗いし、休ませます。気に入ったセーターだから、いつまでもきれいに長生きしてほしいから。

シャツやブラウスの襟《えり》の汚れは、なかなか落ちにくいもの。
汚れの成分は体から出る脂や汗ですから、シャンプーを使います。
汚れの気になるところにシャンプーをたらし、古歯ブラシで伸ばしながら、やさしく泡立てて汚れを取ります。

この数年、毎冬、南のビーチへ出かけますが、ホテルに滞在すると面倒なのが下着や水着の洗濯です。そこで考えたのが、入浴のついでに下着を洗ってしまうこと。こうしてしまえば、とてもラクです。

水着はシャワーを浴びながら、ボディシャンプーで洗ってしまいます。
この習慣は、東京での生活にも応用できて便利です。
とくに毎日取り換える下着は、ためておくと汚れも取れにくくなり、うんざりします。
そこで、毎日の入浴のついでに固形石鹼で手洗いしてしまいます。
お風呂のお湯を使えば、汚れも落ちやすいし、あとは簡単に絞って干します。
高齢者の独り暮らしには欠かせない、いつも清潔に暮らすためのラクラク生活術です。

古くなっても捨てられないお気に入りの洋服、ファスナー部分が滑りにくくなって、着るときに一苦労です。
滑りが悪くなったファスナーにろうそくをこすりつけると、みるみる滑りやすくなって、洋服の着替えがスムーズになりました。

コートやブレザーは着終わったら、すぐハンガーに掛け、ブラシをかけ、風を通してからクローゼットにしまいます。こうすれば布を傷めず、いつも清潔で長持ちします。

脱いだ靴は、ひと晩そのまま玄関に置いてから、翌日他の靴を出すときに布で拭いてシュークローゼットにしまいます。

こうすれば、本格的な靴磨きは月に一度くらいで済みます。


洋服も靴も2日続けて着用すると、傷みやすくなります。

靴も服も一日使うと汗とホコリでいっぱいです。

最低でも一日は休息時間を与えます。


最近は、フェイクの毛皮が軽くて洗えるので、手入れが簡単で重宝します。

かつて暮らした冬にはマイナス10度になる寒いドイツでは、暖かい毛皮のコートが必需品で、おしゃれなものがそろっていました。

北ドイツで、必要に迫られて買った毛皮のコートを数枚持っていますが、日本ではあまり着る機会がないままクローゼットで眠っています。

毛皮たちにときどき風を当てる意味で、寒い冬の夜の外出に着用します。

帰ったら、玄関で毛皮を振ってホコリをよく落とし、ひと晩ハンガーに掛けて湿気を取ったあと、手でよく撫《な》でて毛並みの乱れを直してからしまいます。

お天気の良い冬の日に、陰干しをすることもあります。

この程度の手入れを心がけるだけで、20年以上まだまだ健在です。

手アイロン

若い女性向けの結婚情報雑誌の編集者から「アイロンをできるだけかけなくて済むいい方法はありませんか」と尋ねられました。

昔も今も、老いも若きも主婦にとって嫌いな家事の2番手は〝アイロンかけ〟。

もちろん一番は〝そうじ〟です。この順位は何十年もたった今も変わらないようです。

洗濯機が汚れた衣類を洗ってくれ、乾燥機が干す手間を省いてくれますが、見栄えの悪いシワまでは取ってくれないのです。

自分の手でやらなければいけない〝アイロンかけ〟は、時間も体力もかかり面倒なのかもしれません。

そこで、できるだけアイロンを使わなくて済む方法はありませんか、というわけです。

そうじならいざ知らず、洗濯やアイロンかけの専門家ではありませんが、日ごろ私がアイロン要らずの〝楽々生活〟のためにやっていることをお話ししましょう。

アイロン要らずの知恵は、情報誌の読者のような若い新婚さんだけではなく、高齢者の衣類の手入れにも自分で簡単にできるので大いに役立ちます。

アイロンを使わずに済ませるためには、まず干すときがポイント。

さらに干すときも乾いたときも〝手アイロン〟を使うと、アイロンかけの手間が省け、体もラクです。

自分の手の〝ぬくもり〟や〝力〟を使ってシワを伸ばす〝手アイロン〟は、昔からの日本人の優れた暮らしの知恵です。

ブラウスやシャツなどは、干すときに縫い目を手でしごきながら〝手アイロン〟で引っ張ってシワを伸ばします。さらに全体のシワは、両手のひらでパンパンとたたいて伸ばします。

ハンカチなどの軽いものは、まとめて手洗いし、手で軽く絞って二つ折りし、両手で引っ張ってからハンガーや物干し竿に掛けて干します。

こうすれば、水分の重さで、両端が引っ張られ、シワなくきれいに乾きます。

洗って軽く絞ったハンカチをきれいな窓ガラスに張り付けて乾かす方法もアイロン要らず。

乾いた後、たたみながら手で伸ばす〝手アイロン〟を使えば完璧です。

お風呂場の窓ガラスにハンカチ！

なんとなく昭和の初めの、簡素で清貧なこころを想像します。これは、昔から伝えられてきた日本人のおばあちゃんの知恵です。

ワイシャツは、洗い終わったら全体のシワを手で引っ張って伸ばします。

カフス、前立て、襟の縫い目などを中心に伸ばします。

ボタンを留め、洗濯ばさみで逆さまに吊るし、形を整えながら手で下に引っ張って干します。水を含んだワイシャツの重さで襟や袖が下向きに伸びるように垂れ下がるのでシワになりません。

乾いた後、手で撫でるように〝手アイロン〟をかけます。

シーツは、シワをしっかり伸ばして、二つ折りにして干します。

乾いたら、さらに四つ折りにし、手のひらで撫でるようにシワを伸ばします。

「手アイロン？　知らなかったです」。なんだか得をした気分になりました、と30代の編集者。

老いも若きも世代を超えて知っておくと便利な〝日本人の暮らしの成熟した知恵〟です。

シミの落としどころ

衣類のシミの〝落としどころ〟を知ることは、老年からの人生の〝落としどころ〟を知るのに似ています。

経験による知恵とちょっとした手間で、上手に対応できるかどうかが違ってくるのですから。

年を重ねることで、人生に絶えず押し寄せてくる日々の暮らしのさざ波や荒波を上手に乗り切ることができるようになりたい。

50代はそのための助走に入る「入り口」です。

日々のさざ波と同じように、衣類のシミも経験と知識があれば、あわてず退治できます。

昔のおばあちゃんは、「シミを〝シミの元〟に戻しなさい」と言いました。

シミの元が〝水なら水で、油なら油で〟というわけ。

シミには大きく分けて、「水溶性」、「油性」、「不溶性」の3つの種類があります。

つまり、油性のものなら、油性のベンジン、水溶性のシミなら水でシミを抜くという昔からのシミ抜きの知恵なのです。

シミ抜きのちょっとした知恵は、衣類を長持ちさせ、清潔で快適な暮らしを送るために大切なことです。

①コーヒー＆紅茶

食事のあと、美味しいデザートをいただきながら飲むコーヒーや紅茶。

紅茶党だったのですが、最近食事の内容によってはコーヒーを選ぶこともあります。どちらもシミには手ごわい相手です。

なぜなら、紅茶もコーヒーも染色の材料に使うほど、繊維を染める力が強いもの。放っておくと取れなくなることもあるからです。

すぐなら水で取れますが、無糖の炭酸水を柔らかい布にたっぷり含ませ、たたくように拭き取れば完璧です。

②お醤油《しょうゆ》

新鮮なお刺身をいただくのに夢中になって、白いパンツにお醤油をこぼしてあわてることがありませんか。

そんなときは、日本酒を使います。

シミのついた布の裏に、乾いた白いハンドタオルを折って置き、たっぷりと冷酒をしみ込ませた布でお醤油が付いた部分を軽くトントン押さえるようにたたきます。下のタオルにお醤油を移す要領です。ハンドタオルのきれいな面を使い、何度も同じ動作を繰り返します。

こすらないことがきれいに取るコツです。

外出先ですぐには処理できない場合、とりあえずおしぼりに水を含ませ、たたいてシミを薄くし、帰宅後ゆっくり処理します。

③牛乳

あわてて飲んで、シャツやブラウスにこぼしてしまったら、お湯でなく水で絞ったタオルでたたくように拭きます。

動物性たんぱく質を含んだ牛乳や卵は、お湯を使うと熱でたんぱく質の成分が固まり落とすのが面倒になってしまいます。

なるべく早めに、必ず水を使うことが原則です。

④口紅

久しぶりに出会った友人たちとうれしさのあまりハグしてしまい、気が付くと肩のあたりに彼女たちの口紅がついているではありませんか。

こんなふうに、大事な衣類やワイシャツの襟や肩にいつのまにか他人の口紅がつくことがあります。

口紅は水を使うとかえって汚く広がります。

帰宅してすぐ、冷蔵庫にあるバターを常温に戻してから、汚れた部分に少量つけ、手で軽くもみます。口紅の油分が溶け、少し汚れの色が薄まってくるので、あとはアルコールのついた濡れティッシュでたたいて拭きます。

⑤生ジュース

毎朝、野菜や果物を入れた生ジュースを作って飲むのが習慣です。果物を入れた生ジュースは、ついてすぐなら水でつまみ洗いをすれば簡単に落とせます。

時間が経つと、酸化し茶色の取れない頑固なシミになってしまいますから要注意。朝の忙しいときについたシミは、あとで発見することが多いのですが、こうなったら、タオルにお酢をつけ、柔らかくたたくように拭きます。

⑥落とせないシミ

たいていのシミは自分で取りますが、素材によってはプロに任せた方がいい場合もあります。高価な着物などの絹製品、革製品などは自分でやると風合いを損ねたり、素材を傷めたりするので、お金がかかってもプロに任せてしまいます。

鏡を見る理由《ワケ》

我が家には、鏡が各部屋にある。夏の森の家にも。

ドイツから帰国してさらに増えた気がします。

玄関の大きな鏡は、出かけるとき服装や全身をチェックし、帰宅時の疲れた様子を労《いたわ》るために。

また、我が家を訪れた客人が、玄関で乱れた服装や髪を整えるためにも。

鏡があれば狭い部屋がより広く見える効果もあります。


いつも明るく元気に見えるように。そう心がけているつもりでも、仕事がはかどらなかったり、ものが壊れたり、思い通りことが進まなかったりすると、ときにはイラつくことがある。

そんなとき、心を落ち着かせるために〝鏡〟を見る。

美人でもない顔が、さらに暗く老け顔になって、〝人さまには妖怪のように見えるに違いない〟と、醜《みにく》い容貌になって鏡の向こうから話しかけてくる。

「これはいかん！」、思わず鏡の自分に不安を覚え、わざと口を広げ、大げさに作り笑いをしてみる。


人はなぜ鏡を見るのか。考えたことがありますか。

そう、自分の姿を客観的に確認したいから。

あらためて鏡で見ないと、人は自分の姿がわからない。

鏡を見る人は、自分に自信があるナルシストと言われることがあるが、私の場合、自信がないから鏡を見るのです。

鏡は自分を客観的に見て、あるべき姿に〝矯正《きょうせい》する〟のに役立ちます。

最近は、お腹が出てきた、シミが多くなった、顔色が悪いなど健康チェックもできる。

そして、人だけではなく、部屋も客観的に映すので、部屋の〝きれい度〟もチェックできるのをご存知でしょうか。

ときには食べ過ぎを許す

最近の健康データでは、女性はふっくら小太りの方が長生きするらしい。

でも、いくつになっても、もう少し痩《や》せたい、すっきりスリムできれいになりたいと願い続けるのが女心というもの。

モデルほどガリガリの小枝のようにならなくていいが、お腹まわりの〝余分な贅肉〟は落とした方が何を着ても着映えがする。


数年前、私は1年かけ、8キロ痩せた。

若いときは、〝オリーブ〟のあだ名通り、痩せてほっそりしていた体型が、中高年になってさらに仕事が忙しくなり、体にも食事にも無関心に過ごしているうちに、いつのまにか（！）激太り。オバサン街道まっしぐら。

ラクに着れた38号（9号）サイズのパンツもパンパンにきつくなり、ムリしてはけば、〝三段バラ〟がくっきり。

「これはいけない！」

ある日鏡に映る自分の無残な姿にビックリ仰天し、「ならば」と一念発起《いちねんほっき》、スリムになるべく、自己流にダイエットすることにしたのです。

痩せるために特別なことはせず、規則正しい食事と運動だけ。間食と炭水化物を減らし、夜八時以降は水以外何もとらない。

少しずつ時間をかけて自分の食生活を変えていったのです。

毎朝、体重を測る。これは今でも続く大切な自分の健康管理の儀式。

毎日の体の定量感がわかるので、前日食べ過ぎて1キロ増加すれば、必ず一日かけて元に戻すことを心がける。

つまり、汚れたら（体重が増えたら）、すぐきれいにする（すぐ減らす）。

部屋をいつもきれいに保つためのそうじルールと同じ。

旬の野菜や果物は十分とるようにする。

旬の野菜は安くて美味しい、しかも栄養価も高い。

生のまま食べられる果物は、ビタミン、ミネラル、カルシウムなどが多く、ドイツ人のようにリンゴやキウイなどはなるべく皮ごと食べる。

若いころに比べ、重ねた年とともに、夫も私も食べる量は少しずつ少なくなってきました。

朝は一緒、昼はそれぞれ外で好きなものを、夕食は軽く、寝る前2時間にはすませてしまう。

夕食の炭水化物はほとんどとらない。

まだそれぞれ仕事を持っているので、お互いその日のランチに何を食べたかを会話のネタにし、ボケ防止のための脳の活性化と乏しい夫婦の会話を補う。

朝起きてすぐ、ミネラルウオーターをゴクゴク飲む。

食事の前、お腹が空いたとき。いつでも飲めるよう身近に置いている。

たっぷり水分をとる習慣は、高齢者の心筋梗塞などを防ぐ効果もありそう。

週2〜3回ジムへ出かけ、筋トレをし、歩いたり泳いだりして汗を流す。

1年かけ、8キロ減量した今、好きなものは何でも食べることにしています。好き嫌いなくバランスよくなんでも食べるし、好きなステーキやお寿司も体重を気にせず食べる。

ただお寿司は「ご飯を少な目に」注文するし、ステーキは必ず野菜から食べ、脂分の少ないヒレなどを選ぶ。

普段から体重の〝定量化〟を意識する生活習慣は、少々食べ過ぎてもすぐまた簡単に元通りにもどすことができるので安心です。

いつもきれいに片付いた部屋が、一瞬汚れ散らかっても、すぐ簡単に元通りきれいになるように。

つましく、ていねいに、おしゃれに生きる

いつもの散歩の途中、独り暮らしの老婦人の家があります。

会えば「おはようございます」、「寒くなりましたね」などのあいさつを交わすくらいのお付き合いだが、感心するのは、そのつましくていねいな暮らしぶり。

もちろん、90歳（！）になってもおしゃれ心は忘れていない。

早朝、玄関に新聞を取りに出る彼女の髪は、いつもきれいに櫛《くし》が入り、まるでセットをしたばかりのように後ろで上手に丸め束ねてある。

お化粧は薄く塗った口紅とピンクの頬紅くらい、服装もふだんはブラウスにスカート、首元にはスカーフや金のネックレスをつけ、寒いときは暖かそうな手編みの毛糸のセーターをさりげなく羽織っている。

早朝の彼女の凜《りん》とした姿を見るたび、「どうせ、玄関までだから」と、いい加減に髪をブラッシングしたまま、あわててゴミ出しに飛び出す我が身が恥ずかしくなる。

通りに面した小さなキッチンの窓からは、朝夕、温かい料理の匂いが漂い、独り暮らしだからといっても食事はきちんと自分で作っているらしい。

自分のためにおしゃれを心がけ、自分のために美味しい手作りの食事を作る。

自分を大切にしているからこそできることかもしれない。


あるとき、森の家から持ち帰った大根やキュウリを「新鮮ですから」と差し上げたら、「重い野菜は助かります」と目を細めて喜んだ。

数カ月して、今度は彼女から「いただきものです」と小ぶりのマスクメロンを一個もらったとき、あの夏野菜のお返しかな、とあとで気づいたくらい野菜の件はすっかり忘れていた。

年下の私がとっくに忘れていた「ほんのお口汚し」程度の野菜。

90歳の老婦人はしっかりと記憶にとどめていたのです。

数カ月後、ちょうど頃合いを見計らったように、そっとお返しをする。

相手の負担にならないよう心のこもった上品な〝お返しの作法〟。

いただいたマスクメロンを食べながら、その老婦人のていねいな心配りが甘い果汁のようにジワッと身体中に広がっていったのです。

高齢になると、「どうせ、年寄りだから」と、まったく化粧や服装に無関心になってしまったり、周りへの細かい気配りも「面倒」とあきらめたり、身の回りの世話を他人任せにしがちだ。

「どうせ……だから」を連発するようになると、ますます老いが進み老醜《ろうしゅう》が漂う。

何事もつましく、おしゃれ心もあり、周りへの配慮も忘れない。

このご婦人の辞書には、これから先100歳になっても、「どうせ……だから」の言葉は見つからないような気がする。

だから、いつまでも凜として若々しく元気なのでしょう。

5章

品性を身につける

大和言葉

「ようこそ、わざわざお運びくださいまして……」

あるとき、知り合いのお宅に伺ったとき、私を玄関口で迎えたその白髪の老婦人が笑顔で口にした言葉、その上品な響きに心から魅せられてしまった。

このひと言に、〝おもてなし〟の気持ちがすべて表れているようで、婦人のこの言葉が湧水のように心に滲《し》み込んでいったのです。

「お運び」は、ものを運ぶのではなく、お客様の〝足を運ぶ〟。客が来てくれたことだけではなく、それに費やした労力や時間にも感謝する気持ちがこもっています。

雨の日など「お足元の悪い中」を付け加えるだけで、相手を思いやる心のこもったあいさつになります。

日本人がふだん話す言葉には、〝漢語〟、〝外来語〟、そして日本人が育《はぐく》んできた〝大和言葉〟がある。

四季折々の季節を感じながら、日々の暮らしにやさしくていねいに根付いた〝大和言葉〟の美しい響き。

日本人ならではの気配りが込められ、相手の心の奥深いところまで通じる言葉だと思う。

かつて同窓会の長を務めていたときのパーティで、「本日は多くの皆様のお運びをいただき、心からお礼申し上げます」とあいさつしたら、あとで大正生まれの大先輩に、「ずいぶんと格調高い言葉を知ってるねえ……」と冷やかされてしまった。

だれも聞いていないと安心していたのですが、さすが国文学者だけあって、その大先輩は人が話す言葉のひとつひとつに関心を持ち耳を傾けていたのだろう。

言葉は外に現れる人の表の心。

裏の心が伴わないと空々しく、重さに欠ける。

聞く人によっては、伝統と趣のある〝大和言葉〟でも、まだまだ自分の身についた言葉になっていなかったと心から深く反省したのです。

「お運び」同様、いつかどこかで聞き知った「ようこそ」を「ようこそのお運び」と使ってみたい気がするが、まだまだいつもの自分とかけ離れている気がして、使う勇気もなく、いまだに記憶のお蔵に入っている。

人の心を打つような美しい〝大和言葉〟を自在に駆使できるようになるには、この年になってもまだまだ修行が足りません。

無理を知る

「年を重ねることもわるくない」と思うのは、〝人間には思い通りに行かないことがある〟とわかるようになったとき。

人間として逆立ちをしても無理なこと、今の世の中の仕組みでは解決できないこと、他を向いている人を振り向かせること、自分の財では到底手に入れられないもの、などなど。

さまざまな自分の力量の限界を知ることこそ、50からの〝こころの落としどころ〟なのです。

自分の限界を知ることで、人をうらやんだりせず、背伸びしたムダ遣いもしなくなり、分相応な暮らしに満足し、「ああ幸せ」と思えるはずです。

いわゆる、〝足るを知る〟、つまり〝自分にはこれで十分〟とこころを落ち着かせるのです。

若いときのように、「このままでいいのか」など思い煩《わずら》わず、「これでいいんだ」と自分を労り慰めれば、こころも軽くなります。

これまでの人生をあれやこれやと疑ってこれからを生きるより、今の自分を信じ、足るを知り、いかに今を充実させるかに集中する。

幸せなこれからの人生を送るためにも必要な気がします。

招き、招かれ上手になる

家に人を招くのには、家が狭い、広いは問題ではありません。いつも無理しないで自然にゲストを迎え入れることができるかどうかという、心の問題なのです。

独り暮らしになって家にいることが多くなる老後の暮らしにこそ、「お茶だけでもご一緒にいかが」と、いつでも気軽に人を招き入れる暮らしの習慣を持ちたいものです。

先日、新聞広告に高級老人ホームのチラシが入っていました。入居の条件に、「他人のうわさ話が好きなかたお断り」とあったのには、思わず「なにこれ?」と笑ってしまいました。

人のうわさ話と世間話を取り違え、ホームに混乱を招いている老人が多くなったのでしょうか。

そんな困ったおばあちゃんにならないためにも、今から人との関わり方を訓練しておく必要がありそうです。

そのためには、招き方、招かれ方の作法を学ぶことからスタートさせましょう。

これまでは、人を家に招くのは苦手な人でも、ちょっとした工夫で〝おもてなし上手〟になれます。

私は、自分なりの〝おもてなしセット〟を作っています。

小さなお盆に、お茶碗と茶托《ちゃたく》、そしてお菓子を載せるお皿をセットするだけの簡単なものです。日本茶なら好き嫌いなく万人向きですので、タイミングを見計らって、あとはお湯を沸かすだけ。あわててお客様用のカップなどを用意すると気持ちも疲れます。

こうして準備しておけば安心なのです。

ドイツでは、隣人や友人たちによく、お茶に来ませんか、と誘われました。

居心地の良い清潔な部屋には、コーヒーと紅茶のポットがトレイに置かれ、そばにはケーキかビスケット。ドイツ人どうしならコーヒーだけですが、日本人の私への気配りが「紅茶」なのはすぐわかりました。

「コーヒー？　それともティー？」と聞くだけです。

そのドイツ流〝おもてなし定番セット〟があれば、簡単に心の負担なく人を招くことができます。

そんなドイツ流優雅なおもてなし法を拝借したのが、私流「おもてなしセット」です。

こうした自分流のパターンを持っておけば、あれもこれも出さなくてはと考える必要もなく、心も軽くなり、人を招くのが楽しくなります。

部屋と水回りは、いつでもゲストを迎えられるよう、清潔にしておきます。人が来れば部屋はきれいになるし、人との絆《きずな》も深まります。

招かれたときのルールも決めておきます。

伺うのは約束の時間を5分くらい過ぎてからがベストです。早すぎても相手が準備中かもしれません。

私の経験では、1時間前に「早く着いたから」と〝ピンポーン〟とチャイムを鳴らされたときはびっくりしました。準備ではなく、他の重要な仕事をやっていたからです。また、手土産は、切り花かチョコレートと決めています。鉢植えは、あとの手入れが人によっては大変になるからです。

チョコレートは日持ちがするし、一口でもエネルギーが出る長寿の食べ物です。

そして、すすめられても2時間以内と決め、長居をしません。

その日のうちに、親しい人にはメール、目上の人には電話でお礼を言います。

そして、あくまでもお茶のみ話の内容は、共通の知人のうわさ話でなく、幅広い前向きな世間話が無難です。

〝あたたかく、さりげなく、簡単に〟。おもてなしの共通の心がまえです。

かつてのドイツ暮らしで学んだ〝招き方、招かれ方〟の知恵は、今では日本流、私流などとミックスされ、心が癒され、気分転換となる私の生活の一部になっています。

「うらやましい」病から解放される

「人と比べない」、「気にならない」、「競争しない」という人は心穏やかで幸せです。もしあなたが、これまでの人生を、「自分はなぜいつも不幸なんだろう」「どうしていつもうまくいかないのか」と考えていたら、人生はこれからも同じ嘆きが続きます。

他人と比較するから、うらやましくなったり、嫉妬《しっと》したりの感情が生まれるのです。人生の出来事を他人と比較し、一喜一憂する性格をここであらためなければ、いつまでも心の安定や安らぎは得られません。

もし、あなたが無人島でたった一人だとしたら、自分と比較する対象は誰もいない。自分だけを見つめて生きていかなくてはなりません。

「自分だけがなぜ？」と、嫉妬やうらやんだりする感情からは無縁に心安らかに過ごせます。

たまには〝無人島の住人〟になってみてください。心の平安を保つのに役立ちます。

私がドイツで快適に過ごせたのは、隣人たちのいい意味での個人主義が心地よかったからです。

すでにお話しした、大家さんに「窓が汚い！」と怒られたことのように、ドイツ人は、隣人の家の窓辺やバルコニー、庭の芝生に至るまで厳しくチェックしますが、家の中の家具や持ち物には無関心です。

自分のものへの好みやこだわり、生き方、いわゆるライフスタイルが決まっているので、他人の生き方や持ち物をうらやんだりしないのです。

「自分は自分、他人は他人」の考え方が徹底しているのです。

そして、「困ったことがあればいつでもどうぞ」と、人に頼まれれば親切です。

10人いれば10人の生き方、人生模様があります。

〝自分はどうしたいか〟、〝どう考えるのか〟をいつも問いかける習慣を持ちましょう。

そうすれば、自分流のスタイルが見つかり、他人のことが気にならなくなるはずです。

しかし、「他人はどうでもいい」のではなく、適当な距離を測りながら、干渉しないけれど相手への思いやりや気遣いは忘れないように。

幸せを呼ぶ

幸せは、受け身ではやってきません。

むしろ、自分の心が招き入れるものだと思うのです。

幸せは、自分の心の中に隠れています。

幸せは長続きしませんが、それを感じる気持ちは何度も経験できます。

小さな喜びを大きく感じることで幸せな気持ちになれるのです。

過去や未来ばかり見つめ、現実を忘れている人には幸せがつかめません。

自分の足元をしっかり踏みしめ、何でもない、取るに足りない毎日の小さなことに目を向け、誠実に生きる。

この中に幸せはたくさんあるはずです。

毎朝、顔を洗ったあと、鏡の前でにっこり笑います。

すっぴんの、しわとシミが目立つ顔を手でしっかり伸ばしながら「今日もいいことがありますように」と心から脳に暗示を送ります。


狭い道ですれ違う知らない人には必ず「こんにちは」と声をかけます。

お年寄りや小さな子供連れの若いお母さんには、何かお手伝いをしたいと思います。

どんなことでも「ありがとう」を連発します。

こんなとき、幸せがひらひらと、私の心に舞い降りてくるような温かい気持ちになります。

自分の顔

2014年は、フィンランドの作家、トーベ・ヤンソンさんの生誕100周年。

今は亡きヤンソンさんは、ムーミンシリーズで日本にも多くのファンがいますが、私もそのひとり。

森の家には、ヤンソンさんの本が数冊置いてあり、読むたびに彼女のおおらかで自然を大切にする素朴な感性に心打たれます。

「ムーミン谷の仲間たち」では、玉ねぎの髪形をしたミイが、いつもいじめられ受け身で生きていたため、自分の姿が見えなくなったニンニを厳しく諭《さと》します。〝自分の顔を持つためには、闘うことを覚えなさい〟と。

やがて、ニンニは、ミイに言われた通り、自分の生きる強い意志を取り戻し、嫌なことに立ち向かい、やがて自分の姿が見えるようになるのです。

ミイの厳しさの奥にあるやさしさは、そっくりそのままヤンソンさんの生き方でもあるような気がします。

年齢を重ねると、どんな生き方をしてきたかによって〝良い顔〟にも〝悪い顔〟にも見えます。

受け身で人生を送ってきた人、厳しいこと嫌なことにも果敢に挑戦してきた人。人生の荒波をどのようにかじ取りしてきたかによって、顔つき目つきが違ってくる。年を重ねるほどに、自分の顔は自分の生き様、責任でもあるのです。

冬に美味しいわかめ。肉厚で歯ごたえがある三陸わかめが好きですが、これはリアス式海岸の荒い波にもまれるからこそ、しっかりと強く育つそうです。

人生の荒波を潜《くぐ》り抜けてきた顔は、肉厚で歯ごたえのある美味しいわかめのように、誰が見ても〝いい味〟を出しているのです。

「鼻を高くする」と、猫が昼寝をしたような丸い鼻を洗濯ばさみでつまみながら真面目に考えていた同級生のB子、「もう少し目がぱっちりと大きければ良かった」と嘆き、いつも大きく目を開く練習をしていたC子。

卒業後、会う機会もなく今日まで来ましたが、還暦をとっくに過ぎた今、どんな顔になっているかしら。

年を重ねてこそ気づくことがあります。

鼻や目を人工的に操作した美ではなく、大切なのは、これまでの長い人生の自力の生き方が刻まれ、人生の荒波にもまれて作られた自然の顔。

他人が見て、ハッとするほど美しいのは、そんな生き方をした人の顔。

自分の顔を鏡で見て、「いい顔になったなあ」と思える人は幸せです。

ついでに、家じゅうの鏡をピカピカに磨いておきましょう。

老眼でもあなたの顔がはっきり見えるために。

〝テレビ離れ〟をしてみる

〝栄養過多〟、〝所有過多〟同様に、減らすことが難しいのは〝情報過多〟です。

毎日の暮らしの中で、私たちは多くの情報のシャワーを浴びているような気がします。テレビやラジオなどは、「これでもか、あれでもか」と発信を続けます。

　ある70代のご夫婦のお宅を訪ねたときのこと、お暇《いとま》するまでの1時間くらい、隣の部屋のテレビがずっとついたままでした。

　誰も観ていないテレビが消費するムダな電気代も気になりましたが、それより朝から晩までテレビの前に座っていて、テレビショッピングで買ったという段ボールの箱が部屋に積み上げられていたのには驚きました。

　24時間（！）ラジオをつけっぱなしだという70代の独り暮らしの女性を知っていますが、ラジオの場合、他のことをしながら耳で聴くことができ、想像力を働かせて脳を刺激できるので、ボケ防止にもなり、テレビよりは活動的になれそうです。でも、いつ脳を休ませるのかな、と気にはなりますが。

　一方、テレビから流れる映像情報は受け身になりがちです。

　商品についての過激な情報を〝これでもか、これでもか〟と見せられ聞かされると、その場にいるような錯覚で、つい親近感を覚え、信頼し買ってしまうことも多いのです。

目から飛び込んでくる表面的な情報は、考える余裕もなく「美味しそう」、「お得感がある」、そして「同じものが欲しい」「使いたい」という意識を高めるようです。

テレビの広告は、「これ、とてもいいですよ」と問いかけ演じる好感度の高いタレントさんと自分が一心同体になったようで、つい心を許し、それを使いたくなる気分にさせます。広告心理学でいう〝同一視〟の現象を呼び起こしているのです。


今からでも遅くありません、できればテレビはこまめに切る習慣を持つこと。ニュースやドラマなどは、観たい番組、見る時間帯を決めます。

その方が、テレビを観る楽しみが倍増するような気がしませんか。


年を重ねるにつれ、何事も受け身になりがちだからこそ、テレビから離れ、外に目を向けることも必要です。

情報のシャワーを浴びたら、ひと風呂浴び、手足を伸ばし、少し考えてから行動する。こうすれば、立て続けに流れる流暢《りゅうちょう》な情報に〝待った〟をかけられます。今や社会問題にもなっている〝オレオレ〟の振り込め詐欺被害にも遭《あ》わずに済むかもしれません。

ゴルフのボールも、ドライバーを「イチ、ニイ、のう、サン」の、「のう」と溜めるとぶれが少なく、正確によく飛ぶようです。

成熟した大人の行動にも、しばし頭を休める〝溜め〟が必要ではないでしょうか。

本を読む

雑学、乱読ですが、本を読むのが好きです。

コンビニでパラパラとめくるのは週刊誌、本屋では話題の新刊。

気に入ったものは買いますが、持ち帰るとものが増えそうなので、たいていはすぐ読み切れ処分できる文庫や新書を選びます。

仕事で疲れたときや海外旅行のお供は、肩も凝《こ》らず、荷物にならない文庫本。

読んだらすぐ処分するので、場所も取らず、帰りの旅行荷物も軽くなります。

ホテルのベッドわきに、〝興味があればどうぞ〟と簡単な英語のメモを残します。

父は「テレビを観るより、本を読みなさい」と、本だけは惜しみなく買ってくれました。

田舎の町には田んぼや畑ばかりで近所に本屋さんもなく、仕事先に届いた雑誌を父が持ち帰ってくれるのです。

小学生向けの月刊雑誌が発売される日は、父の帰りを玄関で〝今か今か〟と首を長くして待っているほど、本が大好きな少女でした。

ある日、ちょうど父の出張の日と雑誌の発売日が重なりました。

父が乗った汽車の窓から、本を投げてくれることになり、母と私は、通過する汽車の時刻に合わせて線路近くで待つことになったのです。

ところが、窓から父の投げた雑誌が運悪く線路際の田んぼにポチャンと落ちてしまいました。ちょうど、田植えの時期で田んぼの中には水がいっぱい。

汽車が通りすぎたあと、なんと、母は着ていた着物の裾を腰までたくし上げると、ジャブジャブと水がたまった田んぼの中へ入っていったのです。

「本を粗末にしたらいけない。神様に叱《しか》られます」

ずぶぬれになった雑誌〝小学一年生〟を丁寧に、ていねいに、まるでおまじないをするように、乾いた布で拭く母の姿。その光景は、本の思い出の中では鮮烈で、今でも、懐かしさでこころが〝キューン〟となる、酸っぱくて甘い、でものどかな思い出です。

母の神様への願いが少しは届いたのか、勉強はともかく、本が好きな大人になりました。

子供のころ読んだ本、特に〝赤毛のアン〟や〝マッチ売りの少女〟などの外国の物語や童話。「アンの住んでいる部屋はどんな感じだろう」と、見たことのない景色や家の絵をあれこれ想像し、ノートに描いては小さな胸をわくわくさせていました。

今思えば、〝美しい家に憧れる原点〟が、このころ芽生えたような気がします。

「テレビを観るより本を読む」。本が好きだった父の教え。

本を読むことは、考える暇を与えずストンと現実的光景が目に飛び込んでくるテレビとは違い、何歳になっても想像力を高め、感受性を深めてくれそうです。

活字を読むことで、「まてよ?」と、立ち止まって考える習慣が身につき、「大変だ!」と、感情むき出しの衝動的行動に走ることが少なくなるかもしれません。

6章

振り回されずに生きる

「イエスマン」にならない

『YES MAN』という映画がありました。

詳しい内容は忘れてしまいましたが、いわゆる「ノー」とばかり言っていた男があるとき「イエス」と言えるように洗脳され、人生が明るく変わるという話です。

たしかに、若いころは、「イエス」と明るく返事をし、前向きに人生を切り開いて交友関係を深め、広めていくことには大賛成です。

しかし、年を重ね老年期に向かう今、上手な「ノー」が言えるようになりたいもの。ある程度の経験を重ね、人生の甘い苦いがわかる年になってから、「イエス」ばかりの人生は疲れませんか?


私は、会社を経営するようになってから、今まで以上にきっぱりと「ノー」と言うことにしています。本当は「ノー」と言いたいけれど「イエス」と言ってしまうあいまいな態度は、自信のなさを相手に伝えるようなものですし、数字を扱う現実的なビジネスには向きません。

生活の場面でも、不安定な「イエス」は、あとで〝困った困った〟の気持ちがいつまでも心に重くのしかかってきます。

すべてにいい顔をすれば、必ず自分の心に跳ね返ってきます。


相手に不快感を与えず上手に断る方法は、即座に返事をしないことです。

私は、まず「ちょっと考えさせて」と伝え、必ず「本日5時までにお返事します」と答えます。

期限を設けるのは、心の中では、「ノー」とはっきりわかっていることを、いつまでも自分の心の中に溜めておきたくないからです。

それと、即座に「ノー」と返事するより少し間を取った方が相手に少し良い印象を与えるからです。

そして、きっかり約束の5時に、「ノー」と返事します。

この場合、余計な理由はつけません。

よくよく考えての「ノー」だと、相手に対するこちらの誠意を感じてもらうだけで十分です。

あとは、心がとても軽くなります。

上手な「ノー」を言える大人であれば、悩みを抱えることも少なくなります。

やりたいことは、今すぐに

何歳になっても、やらなければいけないこと、今やりたいことを先延ばしにする人がいます。

「定年になったら」、「仕事をやめたら」、「お金ができたら」、「4月になったら」。

そんな言い訳を聞くたびに、なぜ今できないのかしら、と思います。

部屋の汚れも先延ばしすれば、取るのが難しくなります。今すぐやらなければ、「いつか」というときは、だんだん自分の心から遠のき、ほとんどやってきません。

思い立ったが吉日です。

老後の時間を豊かに過ごしている人のほとんどに、その前の助走期間が必ずあります。

定年を迎え、時間ができたので、「さあ、やるぞ」と思っても、なかなか新しいことに挑戦するのが心身ともに難しく感じるようになります。

今やらなければいけないことを、「いつかやろう」、「明日から始めよう」と思っている人は、結局何も始められない人なのです。

「今すぐでなく、将来いつか」と思う人は、ことを先延ばしにするだけで「あんな元気なころもあったなあ」と嘆きながら一生を終えることになります。

私は、45歳を過ぎて、事業が軌道に乗ったころから、やりたいこと、やりたかったことにどんどん挑戦しました。

フルート、執筆、ドイツ語、バレエストレッチ、水彩画、レース編み、手編み、料理、お菓子づくり、水泳、ゴルフ、テニス、ヨガ、旅行、オペラ鑑賞、海外サスペンス小説の乱読……など、まだまだあります。

最近は、何を思ったのか〝俳句〟を作っています。

「どれもモノにならないねえ」

やりかけては中休みしたり中断したりで長続きしない私を、夫が笑いながら冷やかします。

しかし、モノにならなくても、老後に開けて使える〝趣味の引き出し〟が多いのが、明日の我が心の〝安心と幸せ〟につながるのです。

先に延ばさない習慣づくり

時間は待ってくれません。

50代はこの自覚が大切です。誰でも嫌なもの、面倒なものは先に延ばすクセを持っているものです。

「今すぐやった方がいい」とわかっているけど、なんとなく「明日があるから」と先送りしてしまいます。

先に延ばすクセは、できるだけ直す努力も必要です。

たとえば、部屋のそうじ。

そうじが嫌いで「そのうちに」と部屋の汚れに目をそむけているうちに、いつのまにか部屋中にホコリの山が。いつかやろうと先に延ばしているうちに、結局は大そうじ以上の大変な作業になってしまいます。

家事はもちろん、部屋のそうじにも完璧はありません。

一日にやるのは、畳1枚、ガラス1枚でもいいのです。

時間を決めた部分そうじを積み重ねることで、部屋をいつもきれいに保てますし、汚れもひどくならず、体もラクです。

大切なのは、けして、家じゅうを全部きれいに完璧にやろうと思わないこと。

初めからやる気がなくなります。

私は、やらなければいけないことをやりたくないとき。

おまじないを大声で唱えます。

「よし、やるぞ、できる！」

もちろん、あたりに誰もいないことを確かめて。

これだけで気持ちがかなり前向きになり、やる気が起こってきます。

そして、「ベストを尽くすけど、完全はあり得ない」と自分に言い聞かせます。

時間管理をする

時間は無限ではない、ということを意識すると、時間に対する感覚ががらっと変わります。

いつのまにか数年が過ぎてしまったことに気が付き、「ついこの間だったのに」とその時間の過ぎる速さに驚きます。

そして、限りある時間を大切にすることの大切さをあらためて思うのです。

あなたはあと何回お正月を迎えられますか？

今、50歳なら、90歳まで生きるとして、あと40回。

60歳なら、30回。

こうしてあらためて数えてみると、自分の人生の持ち時間がはっきりわかります。

しかし、時間が足りないと悲観的になる必要はありません。

残りが30年の人も40年の人も、みな平等にいつかは制限時間がやってくるのです。

この限りある人生だからこそ、毎日を心穏やかに楽しく過ごせることを心がけるのです。

〝上手な時間使い〟は、人生を充実させ、豊かな心と暮らしを約束してくれるはず。

まずは、目先の大切なことから、今すぐ手を付け集中することです。

滅入ったときには

いくつになっても、スランプに落ち入ったり、滅入ることがあります。

50歳は、身体の不調や仕事や経済的不安、親の介護、家族の問題などがそろそろ現実的になるとき。

考えれば考えるほど、あれもこれも不安になり、まるで不安や悩みの〝総合デパート〟です。

そんなときには、「どうしよう?」と悩むより、「どうすればいいか」と前向きに考え行動します。

物事を悲観的にとらえると、気分がますます滅入って、いつのまにか泥沼の底であがくことになってしまいます。

「初老のうつ病?」。考えるだけで、またまた滅入ることになります。

そうならない一歩前で、元気を取り戻す方法を蓄えておきます。

本屋に出かけ、広い範囲の本、とくに今の悩みとは無縁の世界のものを読み漁《あさ》ります。

これを機会に、自分の読書量がかなり増える、と自分に言い聞かせるのもやる気が出ます。

気晴らしに向くのが外国のラブサスペンス、とくに女性作家のものは、化粧の仕方やファッション、トイレの磨き方などライフスタイルや生活感が出て「なるほど」と参考になって面白いものです。

日本の古典にどっぷりはまるのもいいかもしれません。

お勧めは、百人一首や万葉集の文庫本。

現代訳付きでわかりやすいものを選べば、千年も読み継がれてきた貴族たちの優雅な恋の駆け引きや人生の無常や諦観の想いがあふれる、古風で優雅な歌の世界にタイムスリップし、悩みを忘れ、トコトン酔いしれることができます。

この方法をある人にすすめたら、「百人一首のかるたを買って、〝坊主めくり〟をして遊んだら、すっかり童心に返ってしまって」、毎晩かるた遊びに夢中になり、沈んだこころに生きる元気がよみがえってきたそうです。

この〝坊主めくり〟、50代、60代の人なら、きっと皆子供のころお正月に家族で遊んだ、懐かしい想い出のゲーム。

かるたを伏せ、1枚めくって男性貴族なら自分のもの、お姫様の絵札ならもう一枚引け、坊主が出たら手持ちのかるたをすべて失う。最後に多くの札を持った者が勝ちという、子供から大人まで楽しめる簡単で面白い遊びです。

50代後半のその人、子供のころ無心で競った〝かるた遊び〟を思い出し、「定年後の楽しみのひとつが見つかった！」と喜んでいます。

今年の目標は「百人一首の歌をすべて暗記する」ことだそうです。

また、滅入った時期が冬なら、思い切って貯金を使い、南の島へ出かけます。

お金がなくても健康第一です。お金は天下の回りもの。

滅入ったときこそ、「あとは何とかなるさ」の気持ちも大事です。

太陽が燦々《さんさん》と輝くビーチで、何もせず何も考えず、寝転がって、澄みきった青い海や空を眺めていたら、たいていの悩みはどうでもよくなって、ほぼ解消します。

人は信じられず、世の中は暗く、人生は限りなく灰色。

滅入るとき、そんな気持ちでいっぱいになります。

でも、これは世の常、人生の無常だということを知るのも、50代からの〝人生の落としどころ〟かもしれません。

心の〝隠れ家〟を持つ

冬の散歩の途中、温かいコーヒーで体を温めようとスタバに寄りました。

休日の、しかも早朝のせいか、いつもは若者で混みあう店内は人影もまばらで静か。

ふと見ると、80代くらいの白髪の婦人が一人、ゆっくりとかみしめるようにカフェ・オーレを飲んでいます。その姿は、とても落ち着いて優雅です。

ドイツでも水辺のカフェのテラスで、ゆったりとコーヒーを独り楽しむ老人たちをよく見かけましたが、大人は心静かで落ち着く自分だけの特別の場所を求めるものなのでしょうか。

若いときは、居酒屋でワイワイガヤガヤもそれなりに居心地がいいのですが、やはり、年を重ねるごとに、ひとり静かに物思いにふけったり、本を読んだりする、〝心のための隠れ家〟が欲しくなります。

余裕があれば森の山小屋や海辺の家も理想的です。

でも、その気になれば、今すぐ簡単に見つかる場所もあります。

家の近くの公園、公共の図書館、美術館、ホテルのロビー、オープンカフェなど、静かで居心地がよく、長居のできる場所を見つけておけば、いつでも自分だけの〝隠れ家〟として利用できます。

本を読んだり、レース編みをしたり、行きかう人をただ眺めたり、何もせずぼんやりと過ごしたり。どんな場所でも一人でできる何かがあれば、気持ちがリフレッシュします。


自然が大好きな私は、時間を作っては海や山に出かけます。

車で大体2時間ちょっとの距離。電車でも3時間あれば着きます。

海も山も何度も出かけたことがあるお気に入りの〝隠れ家〟。

慣れ親しんだ場所なので、電車の時刻や順路をあれこれ探す手間もかからず、迷ったり、間違えることもないので、老人になっても安心して出かけられる私だけの〝隠れ家〟です。

一人になって、ひとり遊びをする。

自分のためにゆったりした時間を過ごすのは、最高の心の贅沢だと思っています。

不安の解消法は、とことん考えること

高校時代、古文の先生が「悲しいことには大いに涙するべし」とおっしゃいました。

当時は意味がよくわかりませんでしたが、そのときの授業の内容とはかけ離れていたので、よく覚えていました。

しかし、今ごろになって、当時50代の先生の言葉の意味が、心に響くようになったのです。

人生は何歳になっても、心が不安になることや悲しい出来事に遭遇します。

そんなとき、必ず反芻《はんすう》するようになったのがこの言葉です。

トコトン涙を流した先には、解決策が見えてくるということでしょうか。

心に心配事や悲しいことがあると、気力が失われ、一気に若さが失われます。不安や心配事は、トコトン見つめ考えます。決して逃げないことです。逃げると、一瞬ラクになりますが、不安や心配が何度も繰り返し頭を横切り、つらい気持ちをいつまでも引きずってしまいます。

私は、「どうしたら」とか「どうしよう」という気持ちに襲われたら、「私は、何を、どうすればいい！」と開き直り、突っ込んで考えます。

「会社が倒産したら」。そうなったら、「私は、どうするか」を考えるのです。心が不安になれば、「では、私はどうするか」と、その先を徹底的に悩んだり考えると、必ず光が見えるような気がします。

〝火事場の馬鹿力〟ではありませんが、人間は意外と崖《がけ》っぷちに立たされると「よしっ！」と、意外なほどの勇気と自信が湧いてくるものです。

最近では、どんな困難や不安も「さて、どうするか」と、トコトン受けて立つような

〝筋肉体質〟の心になってしまいました。

自分のことを考える

今のあなた、それはこれまでの人生であなた自身が築いてきた〝歴史の産物〟なのです。

あなたの能力や欠点を再チェックし、それらをこれからの人生にどう生かしていくかを考えます。

あなたはこれからの後半人生を、自分のために、何をして、どう過ごすか。

野菜を作って悠々自適な人生を送るか、ボランティアなどの地域活動に生きがいを見つけるか、旅に明け暮れるか、または今まで通り過ごすか、などなど。

独身の知人は、この数年、1年の3分の1を船旅で過ごしています。

62歳ですべての仕事を卒業した彼は、のんびりした船旅が気に入り、前回は北極回り、今回は南極回りで（格安の？）世界一周の旅を楽しんでいます。

忙しく人生を走ってきた私は、「さて、私は何を？」と、彼からの美しい絵葉書を眺めながら考えます。

これまでは、苦手とするもの、やりたくないことに取り組んできました。

家族のために生きてきました。

しかし、これからは、自分のやりたいこと、得意とすることに緩やかに打ち込んでみたいと思います。

さっそく、やりたいと思うことで、うまくやれると思うものを書き出してみました。あるわ、あるわ、続々と次から次へと出てきます。

そして、優先順位をつけ、いつから始めるかを書き込みました。

すると、これからの人生は「残された限りある人生」ではなく、無限大のもののように思えてきたりします。

予定通りできるかどうかは、制限時間と自分自身にかかっていますが、少しずつ今の自分のやりたい夢がわかって、心が弾んできました。

心が喜ぶことを知る

人に迷惑のかからない方法で、自分の心を大いに喜ばせましょう。

空が好きな私は、一日一回必ず空を見上げて大きく深呼吸します。

何でもないことですが、それだけでずいぶんふだんのストレスが和《やわ》らぐような気がします。

心が疲れたり、〝元気がないな〟、と思ったときは、心が喜ぶことを考えてみることです。

たとえば、時間とテーマを決めて、テレビや映画を見ること。

テレビをダラダラと見続けるのは、不健康ですし、時間の浪費です。

最近の私は、「現実ではありえない」とこれまで関心がなかった、ラブストーリーや喜劇を見て、大げさに泣いたり笑ったりします。

笑うことも泣くこともストレス解消に効果があり、とくに笑うことは、「ふりをする」

だけでも感情を上向きにすることができるという研究結果も出ているそうです。

とくに笑うときは、おもいきり「ワッハッハッハ！」と大声を出します。

すると、心がうれしくなって、〝曇りのち晴れ〟の状態に。

声を出すことも、健康にとてもいいそうです。

元気が蘇り、「さて、おしゃれをして出かけるか」というモードになるから不思議です。

海外ドラマは、食事の仕方や冷蔵庫の中身を見るだけでも、それぞれの国の生活習慣に「へええ、そうか」とうなずかされ、新鮮な思いで参考になります。

また、登場する女性たちのセンスあふれる着こなしや洋服のデザインには、見ているだけでうっとりしてしまいます。裏に最高のスタイリストが付いているのですから、参考にするだけの価値はあります。

先日の冬の半額セールで、裾にフェイクのダチョウの毛が付いた黒のワンピースを見つけ、迷わず買ってしまいました！

ニューヨークの街を元気に優雅に闊歩《かっぽ》する恋多きヒロイン。彼女が着ていたのとそっくりのワンピースだったのです。

現実にはムリ？　でも、気持ちは若くて美しいヒロインになったつもりで、買ってしまったワンピース。

たまには、そんな衝動買いも心のサプリになるようです。

さて、急なことで、古い衣料を二つ処分するのに手間取りましたが。

心が躍《おど》る、そんなハプニングもたまにはいいものです。

他人の目も気にせず、この若ぶりなワンピースを着て街を歩くと、ふわふわと鳥のように心がダンスをしているようで楽しくなり、見かけはともかく（！）心は20代のころにタイムスリップした感じです！

いつまでも若々しく、おしゃれに。

そのためには、心が喜ぶものを、これからも見つけるぞ！　という気分が大事です。

7章

軽やかに、健やかに

感激はおもいきり

苦労して一つのことをなし終えたとき、私は、「やったあ」と大声で叫びます。

周りの人は最初「なんだ？」と驚きますが。

私の全身から出る〝達成感〟の喜びを見て、周囲の雰囲気も明るくなります。

人生の大小の出来事、「シュークリームが膨らんだ！」「ペペロンチーノが有名レストランより美味しくできた！」「新しいプロジェクトが成功した！」など、何でも感激の対象にしてしまいます。

ある一つのことを集中して成し遂げたとき、全身全霊で感激し、周りを巻き込んでしまうのです。

こんな感激屋のおばあちゃんは、憎めず、かわいい。しかも周りを明るくします。

これからもどんどん、感激することを見つけ、声に出して叫ぼうと思います。

体を動かす

毎朝、我が家の前を颯爽《さっそう》と自転車で駆け抜ける78歳の男性がいます。

あるとき、「お元気ですね。お歳は？」と聞いて年齢がわかったのですが、〝自転車整理監視員〟のタスキをした姿は元気そのもの。

毎日、朝と昼の1時間ずつ、時給１０００円で、放置自転車がないかどうか見回っているのです。「体を動かすきっかけになれば」と、もう10年近く続けているそうです。

もちろん、月1万円くらいでも「孫に小遣いをやったり、好きなコーヒーを飲んだりできる立派なお金になる」とうれしそうです。


将来、引きこもり老人にならないために、健康と元気を維持するためにも、毎日の生活の中で、少しでも体を動かすことです。

毎朝、必ず窓を開け、新鮮な空気を感じながら体全身で深呼吸することでも構いません。

空気の流れる部屋にはホコリが溜まりにくく、新鮮な空気を体内に取り込むと、やる気のエネルギーが生まれます。

きれいな部屋は快適で、健康な心は幸せを感じます。

まさに、一石二鳥ではありませんか。


最近は、地域の公園や空き地でラジオ体操が大流行りですが、早起きはともかく団体行動が苦手な私は、高齢者になってもできる、自分なりのやり方で体を動かそうと思っています。

体を動かせば、神経細胞と脳細胞を働かせる脳の中のペプチドの働きが活発になり、うっとうしい心が晴れ晴れするそうです。

休日に家で仕事に没頭していても、必ず、近くのコンビニへ気分転換も兼ね出かけます。〝飲むヨーグルトを買い、若者たちの隣で週刊誌の立ち読み〟がいつもの私のパターンです。これは、何歳になってもできそう、と思いながら。


体を継続して動かすことは、心身とも若さを年齢以上に保つうえで大切なことです。

私は、55歳の誕生日を機会に、週3回ジムに通うことにしました。週に3回、2時間くらいと決めていますが、たまにはサボることもよし、と決めています。せっかくのスポーツが、「行かなければいけない」で、ストレスにならないためです。

内容もハードなものではなく、ゆっくりした運動で筋肉を伸ばしたり、体を動かす儀式と考えています。

気が向けば、プールで泳いだりしますが、あくまでも、緩やかに体を動かしながら楽しむことにしています。

ジムに行かなくても生活の中でもトレーニングは十分できます。

お金もかからず、何かのついでにやればいいので、「ながら家事」ならぬ「ながらスポーツ」も我ながら気に入ってます。

私の「ながらスポーツ」のレシピ、お教えします。

・バスタイムでシャワーを浴びた後、腕や体を大きくストレッチしながら拭きます。二の腕の筋肉や背中を十分に意識すれば、体が柔軟になり効果的です。
・靴下や下着は、片足を交互に上げながら穿《は》きます。転ばないように注意をしながら。
・何かの動作が終わったとき、首や肩を回します。
・キッチンで背の高いところのモノを出すときは、背伸びし、低いところは膝《ひざ》の屈伸をしながら。
・電話をするときは、足踏みをしながら、片足で立って話します。
・朝起きて新聞を取りに行くたびに大きく背伸びします。新聞＝背伸びを体で覚えておきます。
・散歩に出かけます。気分転換にもなり、足腰の筋力も鍛えられます。だらだらではなく、少し早足で歩くようにします。
・そうじ機をかけたり、窓ガラスを拭いたりするのは「ながらスポーツ」には最適です。

そうじ機をかけながら、足を上げたりおろしたり、窓ガラスは手を高く伸ばせば、手の筋肉が引き締まります。

生活の中の「ながらスポーツ」はたとえ５分でも効果があると信じることです。
〝チリも積もれば山となる〟の生活習慣です。
無理なく楽しむような気持ちで、細く、長く、継続が命です。
今から始めても遅すぎることはありません。
何歳になっても、体の筋肉は使えば鍛えられるといいます。

自然の力で治す

健康は、自分で作り守るもの。自分の体の不調は長年の勘でわかります。
薬に頼りがちな毎日、食事はもちろん、身近なものを使って体を労る知恵も持っていると何かと便利です。

風邪には、早めに、キンカンやしょうが湯で対処します。

ある夜、ホテルでの知人の結婚式の帰り、後輩たちとスタバでコーヒーを飲んでいたら、なんとなく体がだるい。これは決まって風邪の前兆なのです。

帰宅して、番茶でガラガラとうがいをした後、お湯とはちみつを入れた大きなマグカップにキンカンを6粒入れ、お湯で柔らかくなった甘酸っぱい実を皮ごと食べながら飲みます。口中にキンカンのさわやかな甘い香りが広がり、何となくのどの痛みも和《やわ》らいだ感じです。

子供のころから大好きなキンカン。

冬の季節、デパ地下やスーパーで見つけたら必ず買い置きしておきます。

大きくて熟したものはそのままお湯で洗い、皮ごとかじり、小さくて硬いものは、はちみつと一緒に小瓶に入れ、冷蔵庫で保存します。

キンカンを口に入れたまま、熱めのお風呂に入って、早めに寝ると、翌朝はすっきり、たいていのひき始めの風邪は治ってしまいます。

キンカンが大量に手に入れば、皮ごと煮詰め、仕上げにはちみつを入れジャムにします。パンに塗ったり、そのまま食べると風邪予防にもなります。

手づくりジャムは、使った後に砂糖を表面にパラパラと振りかけるとカビ防止になります。

しょうが湯も手軽です。

常備している土しょうがをおろし、お湯とはちみつで作ります。

しょうがは、のどの炎症を抑える効果があるので、のどが痛い風邪のひき始めにはぴったり。

風邪にしょうがは、全世界共通のようで、中国、韓国、インドでもしょうが入りの栄養ドリンクを見かけたことがあります。

イギリスに住んでいたころ、同じアパートの老婦人に「風邪をひかないために」と、しょうがとはちみつを入れた紅茶を、寒い午後のティータイムにスコーンと一緒にごちそうになったことがありました。

紅茶のカテキンはウイルスを防ぐ作用もあるようです。

風邪気味には、薬より、まずは暖かくして、栄養のあるものを食べ、ゆっくり休むことが一番です。

こまめに体を動かす

あらためてスポーツをするまでもなく、日々の暮らしの中で体を動かすチャンスはいくらでもあります。

たとえば週に3回、5分間そうじ機をかけるだけでも、手足の運動をしながらの〝室内散歩〟になります。

朝、ゴミ出しや新聞を取りに行ったついでに、近くを歩くだけでも小さな散歩です。小さな丸い椅子があれば、10回くらい乗ったり下りたりを繰り返せば足腰が強くなります。椅子に乗れば目線が高くなり、ふだん見えない汚れを発見することがあるかもしれません。もちろん、ホコリや汚れを見つければ、腕を伸ばしタオルで軽く拭いておきます。

窓ガラス磨きは、おもいきり手を伸ばし、腕の内側が伸びるように意識し、上から順にやればストレッチ体操です。

つま先で立ったまま作業を続けると、足裏マッサージの気分です。

寒くて外へ出るのが億劫なときは、腕を振りながら部屋を行ったり来たりします。

執筆や仕事に疲れたら、お茶の時間も設け、お湯を沸かしたり、お茶を運んだりして体を動かします。

ふだんのどんな動作も、体を動かすことを意識し、積み重なれば立派なミニ体操になります。

一日の終わりに

今日も無事終わったことにこころから感謝し、眠りにつきますが、その前に5分ほど、いつもやることがあります。

両手のひらをさすって温かくなった手で、足の裏を20回くらい押さえながら足首の方へとマッサージするのです。

足の裏やふくらはぎは、全身へ送られる血管が集まっているので〝第2の心臓〟とも呼ばれています。血行が良くなるので、体が温まり、よく眠れ、翌朝の寝覚めも快適です。

手のひらをさするとき、意識的に指を動かします。指を動かすことで、脳への刺激が高まり、老化やボケ防止になるそうです。

家事は手放さない

プロと呼ばれながら、そうじは好きではないが上手。

そうじも含め家事すべてにひと手間かけることを〝得意なゲーム〟のように思っています。

これからは少しのお金と健康がいのちと信じているので、ジムに通い、散歩もするが、家の中ではできるだけマメに動くようにしている。

忙しいときは、人手を借りることもあるが、ちょっとした日々の家事は健康のため自分でする。

激しい運動をしなくても、日々のちょっとした家事労働は、筋肉を強め、骨を強くするらしい。

さらに、家事にひと手間かける知恵は、脳を刺激し、ボケ防止にもなりそう。

お茶を飲む。お湯を沸かし、湯呑や急須を温め、茶葉を入れ……。

その日の気分で濃いお茶を飲みたいと思えば、茶葉の量を調節したりなどの工夫や知恵もあります。

お茶うけに甘い物はなかったか、と棚の中を探せば、忘れていたいただきものの虎屋《とらや》の羊羹《ようかん》を発見することもある。

飲んだ後はそれを片付け、洗う作業が待っている。

たった一杯のお茶を飲むだけでも立ったり、移動したり、座ったりの労働がついてくる。

かがんでものを探せば、腰や足の自然のストレッチにもなる。

「どこにあったかしら」と記憶をたどりながらものを探すと、脳を刺激し、頭の体操にもなる。

秋になると毎朝、我が家の玄関先の落ち葉を掃く。

手に持ったほうきを大きく動かしながら、誰かが捨てたたばこの吸い殻に「不届きもの！」と腹を立て、ややもすれば「面倒！」に思いがちなこの家事労働に「自分の健康の秘訣！」と慰め、気合を入れる。

すべて他人に家事を任せれば、その分ラクになりそうですが、家での運動量がかなり少なくなります。

できる家事を意識し体を動かせば、いつのまにか自然と健康生活につながっていくのです。

ひと手間かける

今日食べたもの、今、口にしたものが、明日の自分の細胞の何兆個を作る。

だから、できるだけ食生活には気を配って生活している。

高カロリーや高塩分になったりするインスタント食品はできるだけ避け、仕事関係以外の外食は、週1回程度に決めています。


ビタミンやミネラルが不足すると、免疫力が低下し、風邪をひきやすくなったり、肌荒れや肩こり、とくに高齢者は、骨粗鬆症《こつそしょうしょう》になりやすい。

知人の90歳の母上が、元気がないので病院に連れて行ったところ、「肉や魚を食べなさい」と医者に言われた。

お年寄りには野菜がいいからと、肉や魚を避けていたらしい。

肉料理を増やしたところ、みるみる元気を取り戻したという。

高齢者も適度な動物性たんぱく質は生きるエネルギーになるのです。

食生活は、体だけではなく、心にも大いに影響する。

栄養のバランスを考え、できるだけ〝ひと手間〟をかけ手作りすることは心にも体にも必要なのです。

よほどのことがないかぎり、最低一日20分は、料理の時間に当てるようにしている。

忙しくて、デパ地下で買った惣菜でも、必ず冷蔵庫のありあわせの野菜を加え、ひと工夫した〝手作り風〟に見せたりする。自分のためにひと手間かける努力を惜しまない。

少しでも自分のために何かをやっている、その意識こそ若さを保つ元気の秘訣かもしれません。

エピローグ

「家中にあふれたものが捨てられず、気持ちばかりが焦って、暗くみじめな毎日です。どうしたらいいのでしょうか」

あるとき、講演の後で五十代の女性に声をかけられました。何事も真面目に考え取り組もうとするタイプなのでしょうか。表情は暗くかなり思いつめた様子です。

あふれたものから解放され、もっと身軽になれば幸せになれる。世間も自分もそう信じ、いざ処分する現実に直面すると、それができない。

もったいない、いつかきっと必要になる、そんな気持ちが邪魔をし、どうしてもものを捨てられない。そんな自分が嫌になり、ものと気持ちの間を往《い》ったり来たり、ますます悩みは深くこころが暗く沈んでいく。

いわゆる〝捨てたいが、捨てられない〟症候群です。

大量生産大量消費の時代に踊らされているうち、家中ものがあふれ身動きできない。やがて、人生にはものの多さよりも大切なものがあるのではないかと、世の中も自分も思い始め、ものを処分し暮らしのダイエットを考える。

が、いったん手に入れたものを手離すのは、簡単なようで難しい。

自分が〝所有するもの〟は自分の歩んだ歴史、自分の人生そのもの。

しかも人それぞれの性格もある。

関わったものや人を、エイヤッと潔く別れることができる人は少ない。

たいていの凡人には、ものへの愛着や執着、もったいない気持ちがあり、所有するものを手放すことは容易ではありません。

しかも、納得して手放しても、あれがあったらなあ、と悔恨の念に襲われ、その想いを消し去るのにまた悩み苦労します。

ムリしてものを手放すことはないのです。

大切な人やものとの上手な別れ方は、自分の性格と相談しながら時間をかけること。そのうち、突然の運命的環境の変化があったり、自然の別離が訪れたりするかもしれない。

人生には始まりがあれば必ず終わりがあり、出会いがあれば別れが待っているのです。

ただ、ものにあふれてホコリの温床にだけはならないように気をつけること。ものを減らすより、健康的に美しく暮らすことが大切です。

まず、あなたの部屋の家具やものの配置を考えてみてはいかがでしょうか。ものや家具の移動の後、出たゴミをきれいにする気持ちで十分。

ひょっとしたら無理なく処分できそうな不要なものが出てくるかもしれません。ものが少し減れば、あなたから〝引き算〟できたと喜び満足しましょう。

些細なことでもこころが喜び充実すれば、見えない〝足し算〟です。

病院やホテルのように、なめたようにピカピカの家は、それを維持するために大変な努力が必要で、住む人にとってはかなりのエネルギーを放出し、ストレスがたまります。

地球上では、人がいる限り、ある程度のものが散らかり、整理を怠れば乱雑になるのです。

掃除や片付けを生きがいにしてはいけません。

日常生活に、ある程度の汚れやものを受け入れながら、けして放置しない。

毎日、できる小さなこと、引き出しひとつ、一個のものや一足の靴下でもできることやれることから整理整頓を始める。

一日に一個でも〝引き算〟が成功すれば十分満足しましょう。

混雑した汚い部屋でもチリひとつない部屋でもない、そこそこ片付いた部屋をめざします。

自分も家も喜ぶような居心地のいい場所こそ、豊かな人生には大切なものです。

いかがでしょう。ずいぶんこころが緩んで軽くなりませんか。

人生にも片付けにも、完璧はあり得ないのですから。

まわりのすべての人々に心から感謝とお礼を。

2017年10月

沖《おき》 幸子《さちこ》

本書は、2013年4月刊行の『50過ぎたら、ものは引き算、心は足し算』（祥伝社黄金文庫）、2014年4月刊行の『50過ぎたら見つけたい　人生の落としどころ』、2016年7月刊行の『50過ぎたら、家事はわり算、知恵はかけ算』（同）を本書のテーマに沿って抜粋し、加筆訂正したものです。

50過《す》ぎたら、ものは引《ひ》き算《ざん》、心《こころ》は足《た》し算《ざん》〈知識《ちしき》より知恵《ちえ》編《へん》〉

平成29年11月10日　初版第1刷発行
令和2年4月7日　　　第4刷発行

著　者　沖《おき》　幸《さち》子《こ》

発行者　辻　浩明

発行所　祥《しょう》伝《でん》社《しゃ》

〒101-8701
東京都千代田区神田神保町3-3
☎03(3265)2081(販売部)
☎03(3265)1084(編集部)
☎03(3265)3622(業務部)

印　刷　萩原印刷

製　本　積信堂

ISBN978-4-396-61618-2 C0095　Printed in Japan
祥伝社のホームページ・www.shodensha.co.jp